Georges Bernage

OBJECTIF CHERBOURG

22-30 JUIN 1944

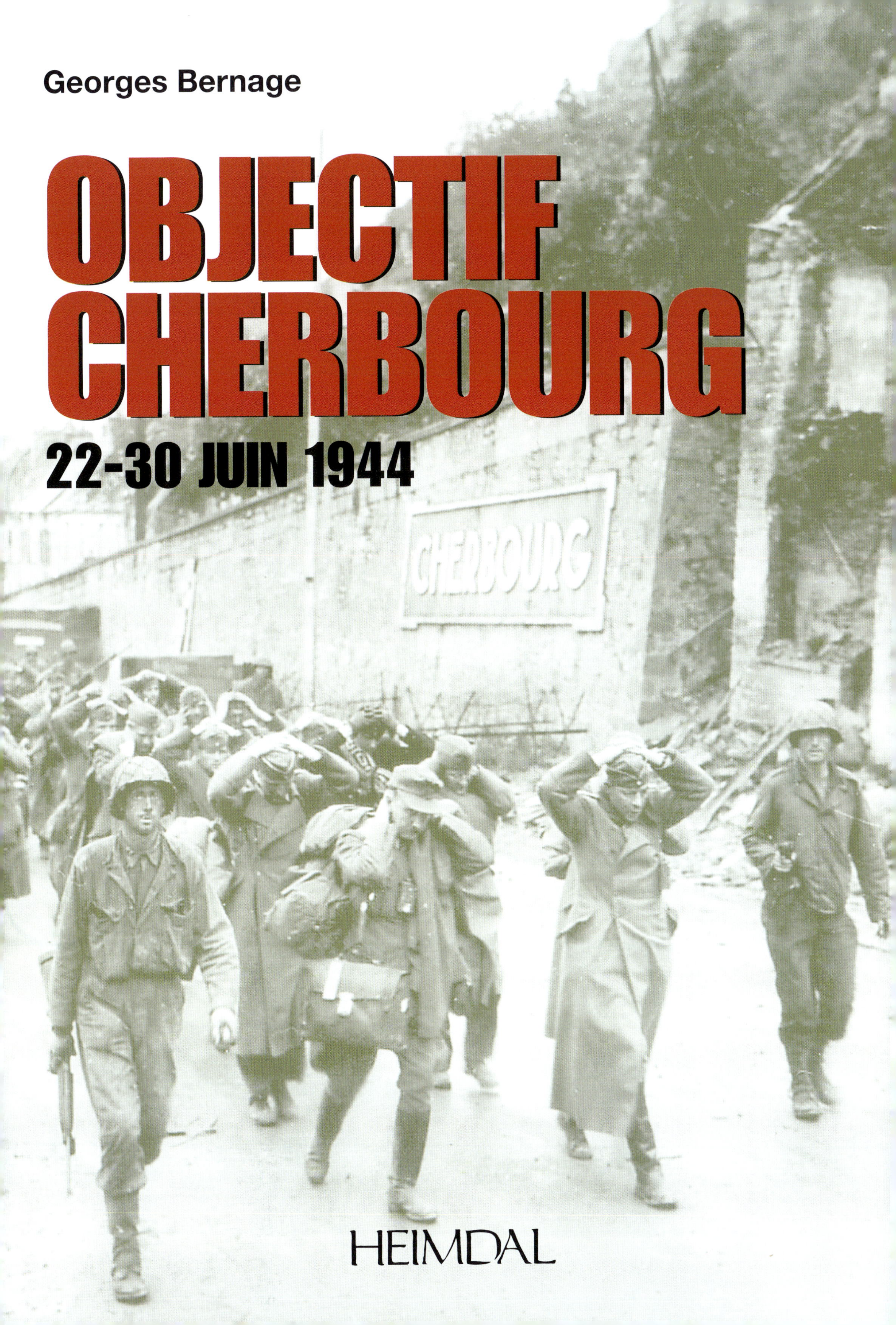

HEIMDAL

Cherbourg port de guerre de la *Kriegsmarine*

1. Cette belle vue en couleur réalisée à l'époque depuis le Fort du Roule par un correspondant de guerre allemand montre une vue générale de Cherbourg, son port, sa gare maritime et son immense rade. (Coll. Pour le Mérite.)

Exceptionnelle vue de la gare maritime encore intacte avec plusieurs destroyers allemands. (Coll. F.L.)

2. Forêt de panneaux allemands : « Pompe à essence de la *Wehrmacht* pour véhicules individuels, hôpital local de la *Luftwaffe*, gare maritime et gare principale, officier du ravitaillement, etc. (Coll. PLM.)

3. Projecteur en position. (Coll. PLM.)

4. Bateaux de pêche dans la rade; autre photo en couleur prise par un correspondant de guerre allemand. (Coll. PLM.)

5. Auto civile réquisitionnée par l'armée et affectée à la *Kriegsmarine* (WM au pochoir), immatriculée à Berlin, et arrêtée au n°16 de la rue de l'Alma. Le grand immeuble au pignon recouvert de plaques de schiste est alors occupé par des officiers allemands. La lettre « P » peinte au pochoir indique qu'il s'agit d'un véhicule attribué à des correspondants de guerre, celui du photographe qui a réalisé les clichés, référencés ECPAD des pages 6 et 7. (ECPAD.)

6. Ce *Schreiber-Maat* (second maître de 2e classe secrétaire) a réalisé les deux clichés suivants et la plupart des photos des pages 6 et 7. (Coll. F. Legoupil.)

7. Vue générale prise depuis le beffroi en direction du Fort du Roule, un cliché exceptionnel, le beffroi de la gare maritime ayant été détruit fin juin 1944... (Coll. F.L.)

1

3

5

4

6

1. Destroyers allemands au pied de la gare maritime. (Coll. F. Legoupil.)

2. Et le *Tannenberg* à quai. Ce paquebot avait été lancé, le 16 mars 1935. Réquisitionné le 2 septembre 1939, il sera coulé par mine le 9 juillet 1941, ce document rare a été réalisé peu auparavant. (F.L.)

3. Cette autre photo du marin aperçu page 3 montre ses camarades en train de nettoyer la coque du navire sur lequel il est embarqué. Cette photo a été prise « entre 1941 et 1942 », une époque où le port était encore loin des combats de juin 1944. (F.L.)

4. Un dragueur de mine débarque une mine alliée sur le quai situé au pied de la gare maritime avant d'être embarquée dans un wagon. On comparera avec un reportage similaire, pages suivantes. (F.L.)

5. Le navire du marin photographe est au milieu de la rade avant d'en sortir *(Ausfahrt)* ; on aperçoit dans le fond la gare maritime et le Fort du Roule. (F.L.)

6. Vue prise dans l'autre direction, avant de sortir de la rade défendue par des forts. (F.L.)

7 et 8. A l'est du port de Cherbourg, des soldats allemands se promènent au petit port de pêche du Béquet. (Coll. F.L.) Actuellement, le port a peu changé, les bateaux ont par contre bien changé. (Photo F. Legoupil.)

9. A l'ouest de la rade, la base aéronavale de Querqueville est occupée par les Allemands qui l'utilisèrent pour leurs hydravions Arado affectés au sauvetage des pilotes abattus au-dessus de la Manche. Belle photo d'un appareil accrochée à la grue. (Coll. F.L.)

1. Cette superbe photo prise à l'est de la gare maritime, en regardant vers le sud et le Fort du Roule que nous apercevons dans le fond, nous montre des dragueurs de mines allemands de la nouvelle série M, soit 36 bâtiments lancés en 1938-39 avec la dénomination M1 à M36. Leur longueur est 66 mètres avec 8,50 mètres de largeur. Leur puissance est 2600 CV avec une vitesse de 17 nœuds, un tirant d'eau de 1,90 mètre et un poids de 600 tonnes. L'équipage comporte 82 hommes avec un armement d'un ou deux canons de 10,5 cm, une ou deux pièces de Flak de 3,7 cm et 3 pièces de Flak de 2 cm, et 4 mortiers. (BA/MW 123-6127.3.)

2. Vue plus rapprochée du même reportage. Nous remarquons les mines alliées bien alignées qui ont été ramassées en mer. (BA/MW 123-6124.38.)

3. Sur le même quai, mais lors d'un autre reportage, un équipage d'une vedette de la *Kriegsmarine* est à l'entraînement. On remarque dans le fond, en regardant vers l'ouest l'imposant beffroi de la gare maritime. (ECPAD/DAM 5/16L11.)

4. Les photos 3, 4, 5 et 6 forment une sorte de vue panoramique permettant de voir l'ensemble de la gare maritime depuis l'est, depuis le quai où stationnent les bâtiments aperçus sur les photos 1, 2 et 3. Ici, une mine est treuillée depuis un dragueur de mines. (ECPAD/DAM 1378 L35.)

5. Belle vue de la gare maritime avec un torpilleur au premier plan. (ECPAD/DAM 516 L14.)

6. L'équipage d'un navire de guerre allemand est en train de régler des appareils ; on remarque au fond, devant la gare maritime, un torpilleur de série T numéroté de T1 à T36. (ECPAD/DAM 517 L32.)

7. Magnifique vue prise à côté de la gare maritime dont on voit les rampes relevées (aperçues sur la photo 5) qui servaient au débarquement des passagers des paquebots. (ECPAD/DAM 516 L21.)

1. Ce reportage réalisé par un soldat allemand nous montre tout d'abord l'intérieur de l'Arsenal avec la voûte en béton pour la protection des vedettes rapides en cours de construction - on comparera avec les photos page 62.

2. Bâtiment ruiné en juin 1940, au milieu de l'Arsenal.

3. Une pièce de Flak de 2 cm en position au sommet du Fort du Roule domine le port de commerce et, dans le fond, la gare maritime.

4. Puis le marin allemand qui a réalisé ce reportage va rejoindre le Fort de l'ouest en passant ici à proximité du vaste fort de l'Ile Pelée.

5. Belle perspective sur la digue du large avec la Hague dans le fond. Un navire est en train de sortir de la rade.

6. Le Fort du Musoir Est, endommagé en juin 1940.

7. Et nous arrivons au Fort de l'ouest.

(Photos : Coll. privée - FLG.)

1

3

2

Le Fort de l'Ouest

1. Le reportage de cette double page est du plus haut intérêt car il nous montre le Fort de l'Ouest où le *Fregattenkapitän* Witt établira l'ultime résistance dans les forts de la rade de Cherbourg. Nous voyons ici l'entrée du fort depuis la digue.

2. Le petit port qui permet d'y accéder.

3. La digue du large depuis l'entrée du fort, en direction du Fort central.

4 et **5.** Ce fort est circulaire (voir photo aérienne page 72) et nous avons là deux vues de sa surface supérieure, formant un panoramique.

6. Nous apercevons un navire dans la grande rade.

Le Fort de l'Ouest

4

7. Détail de la partie centrale avec son poste d'observation et le phare en arrière-plan.

8. De là haut, la vue est magnifique. Ces Allemands ne se doutent pas alors que l'ultime résistance sera ici.

(Photos coll. privée FLG.)

1

Offensive plein nord ! 19 au 23 juin 1944

Cette carte montre la progression du *VII Corps* du 19 au 21 juin. Nous voyons que la progression est tout d'abord beaucoup plus rapide à l'ouest le 19 et que la *4th Division* marque tout d'abord le pas mais comblera ce retard le 20 pour arriver au contact des positions de la *Festung* ce jour-là, les Allemands s'y étant repliés. Notons le terrain s'élevant progressivement vers Cherbourg. (Serv. Hist. de l'armée américaine.)

Après l'opération aéroportée de la nuit du 5 au 6 juin et le débarquement à *Utah Beach*, le *VII Corps* du général Collins avait acquis une solide tête de pont centrée sur Sainte-Mère-Eglise et Sainte-Marie-du-Mont, entre la vallée du Merderet et la côte. Mais il fallait en sortir. Dès le **9 juin**, les paras de la *82d Airborne Division* traversent la vallée du Merderet sur la chaussée de la Fière et établissent une tête de pont à l'ouest de la vallée, en direction de l'ouest (1). Le **12 juin**, les paras de la *101st Airborne Division*, après avoir attaqué au sud sur la chaussée de la Douve, ont pris Carentan et ont établi la jonction avec le *V Corps* venu d'*Omaha Beach* (2). La tête de pont du Cotentin fait désormais partie de l'ensemble de la tête de pont alliée en Normandie.

Mais, ce lundi 12 juin, au nord, la *4th Infantry Division* était bloquée devant Montebourg, véritable pierre angulaire du front allemand, tenue par le lieutenant-colonel Keil, que nous retrouverons tout au long de la bataille ; la route de Cherbourg étaitverrouillée ! A l'ouest, Pont-l'Abbé est resté inatteignable suite à l'échec de la *90th Infantry Division* ; son chef, le général Jay W. McKelvie est limogé, remplacé par le *Major General* Eugene W. Landrum.

A cause de cet échec, les paras de la *82d Airborne Division* sont remis en ligne bien que cette unité d'élite ait déjà été durement éprouvée ; d'après le *Major* Ruppenthal, la force effective de ses deux régiments de paras ne s'élève plus qu'à 50 à 60 % de leur force initiale. Face au verrou établi par les Allemands à Montebourg, le général Collins a décidé de foncer plein ouest pour couper la Presqu'île du Cotentin. Le jeudi **15 juin**, il a défini tous les objectifs de la journée : il faut attaquer sur tout le front de la Douve. C'est la *82d Airborne Division* qui, partant de Pont-l'Abbé, atteindra enfin Saint-Sauveur-le-Vicomte le 16 juin, établissant une tête de pont à l'ouest de la Douve.

Le dernier obstacle a été forcé et la progression reprend le **17 juin** ; elle sera décisive. Elle est confiée à la *9th Infantry Division* du général Eddy. Et, le **18 juin**, à 5 heures du matin, la compagnie K du *60th Infantry Regiment* s'installe sur un plateau dominant Barneville et la mer ; **la presqu'île est coupée**.

Les Allemands contre-attaquent sur les flancs de la percée américaine pour éviter l'encerclement. Cette percée audacieuse a coupé en deux plusieurs divisions qui tenaient le secteur, en particulier la *77. Infanterie-Division* fraîchement arrivée de Bretagne. Divers éléments vont tenter d'échapper à cet encerclement en perçant vers le sud. Ainsi, une colonne de la *77. ID* s'engage sur la route allant de Bricquebec à Barneville. Les batteries du *60th Field Artillery Battalion* ouvrent le feu, balayant la route sur huit kilomètres et détruisant trente-cinq véhicules allemands, dix canons et des véhicules légers. Plusieurs officiers d'état-major de la *77. ID* sont capturés. Mais une partie de cette division poursuivra son destin au sud de la presqu'île sous le nom de *Kampfgruppe Bacherer* (du nom du colonel Bacherer, son chef).

Deux autres divisions combattant dans la presqu'île voient aussi certains de ses éléments s'échapper de la nasse, ce seront les *KG 243. ID* et *KG 91. ID*.

Ainsi, le 18 juin, le piège est refermé. Des éléments de quatre divisions allemandes d'infanterie, les 243e, 77e, 91e et 709e se trouvent pris dans la poche, le *Kessel*. Le chef de la 709e, le général von Schlieben prendra le commandement de tous ces éléments. Le choix a été facile, les trois autres généraux sont morts ! Le général Falley *(91. LL. Division)* a été tué aux premières heures du 6 juin. Le général Hellmich *(243. ID)* a été tué le 17 juin comme le général Rudolf Stegmann *(77. ID)*, alors qu'il préparait le repli de sa division.

Pour l'assaut final, Collins aligne quatre divisions d'infanterie, d'ouest en est : la *9th Infantry Division* (*Maj. Gen.* Eddy), la *90th Infantry Division* (*Maj. Gen.* Landrum), la *79th Infantry Division* (*Maj. Gen.* Wyche) et la *4th Infantry Division* (*Maj. Gen.* Barton). Finalement, la *90th Inf. Div.*, qui n'a pas fait merveille, est retirée. La *82d Airborne Division*, déjà très éprouvée, ne participera pas à l'assaut. Ainsi, la ***9th Inf. Div.*** avancera à l'ouest, le long de la côte jusqu'à la Hague, avec l'appui du *4th Cavalry Group*. En face, il n'y a plus que des éléments des *IR 920* et *921* (de la *243. ID*) et des éléments de la *77. ID*. La ***79th Inf. Div.*** avancera au centre, entre la Douve et le Merderet, vers Cherbourg, face à des éléments de l'*IR 1049 (77. ID)* et de l'*IR 1057 (91. LL.Div.)*. A l'est, la ***4th Inf. Div.*** avancera vers le Val de Saire, face principalement à la *KG Keil* et à la *KG Müller,* des groupements tactiques *(Kampfgruppen)* portant le nom de leurs chefs.

L'attaque démarre le **19 juin** à **5 heures** du matin à l'ouest et au centre. A l'ouest, la *9th Infantry Division* a pour objectif Saint-Germain-le-Gaillard et Rauville-la-Bigot. La *79th Infantry Division* doit s'emparer des hauteurs à l'ouest et au nord-ouest de Valognes mais son objectif final reste Cherbourg. A l'est, la *4th Infantry Division* se prépare à l'assaut final sur Montebourg, ce saillant qui a résisté à tous les assauts.

Le *Major General* Barton a mis en place deux de ses régiments d'infanterie pour cette attaque finale : le *8th Infantry Regiment* à l'ouest de la voie ferrée et le *12th Infantry Regiment* à l'est de cette voie de chemin de fer. Sans préparation d'artillerie, l'attaque commence à **3 heures** du matin ; les deux régiments doivent contourner la localité. En cas de besoin, les tubes des obusiers de 155 mm du *183rd Field Artillery Battalion* et des tank-destroyers du *801st Battalion* pourront intervenir. A l'est, le *12th IR* fait un saillant dans le front allemand, c'est une position favorable pour prendre les cotes 100 et 119 dominant tout le secteur, au nord de Montebourg. Il subit tout d'abord le feu de l'artillerie allemande et des lance-fusées mais il progresse quand même et, à 10 heures, Keil (le chef allemand du secteur) apprend que « *quelques blindés américains s'approchent des hauteurs au nord de Montebourg* » ; le *2/12* vient de s'emparer de la cote 100. Par contre, plus à l'est, le 3e bataillon n'avance plus ; il ne pourra prendre la cote 119 que vers 16 heures, après avoir reçu l'appui des chars.

A l'ouest, le *8th IR* du colonel Van Fleet est confronté à une situation plus difficile ; les grenadiers allemands ont creusé des trous le long de la voie ferrée Montebourg/le-Ham. Il est **2 h 50** du matin et il pleut. Le capitaine John A. Kulp pense que, si le temps ne change pas, il ne faudra pas compter sur l'appui de l'aviation tactique. Il part avec ses hommes de la compagnie F (2e bataillon - le *2/8*), à partir de la route nationale. Il a dix minutes pour rejoindre sa position de départ et il suit au plus près le tir d'obus de mortiers que le colonel Van Fleet a déclenché pour précéder l'attaque de ses hommes. La chaleur des explosions lui brûle le visage. A la faveur de la nuit, il passe au travers de la ligne de front allemand et atteint, sans grands combats, son objectif à 900 mètres au nord-ouest de Montebourg. Mais il n'a pas plus que quarante-cinq hommes autour de lui ; les deux tiers de sa compagnie sont restés en arrière. Le lieutenant John C. Rebarckek, qui commande la compagnie E, progresse dans un chemin creux où il se trouve nez à nez avec les hommes d'une des sections de Kulp, bloqués par les combats qui seront acharnés dans tout ce secteur et nécessiteront l'engagement des tanks. Mais, en fin de matinée, tout va changer.

Ci-dessus : cette photo de l'armée américaine prise le 19 juin au sud de Montebourg nous montre la flèche de l'église encore intacte. Elle aurait été abattue par des obus, ce jour-là, plus tard, avant l'assaut final, alors que les Allemands se repliaient. (DAVA/Heimdal.)

Cette photo de Lee Mc Cardell du *Baltimore Sun* montre l'entrée sud de Montebourg, en venant de Sainte-Mère-Eglise. On distingue l'église, qui a perdu sa flèche, dominant la localité. Le panneau indiquant le nom de la localité avait été installé par les Allemands. (© *Baltimore Sun* : Coll. Heimdal.)

(1) Voir G. Bernage, *La Bataille du Cotentin*, Heimdal, 2013.

(2) Voir G. Bernage, *Objectif Carentan*, Heimdal.

1. Cette autre photo de Lee Mc Cardell nous montre les dégâts infligés à l'église de Montebourg, dont la flèche du clocher abattue lors de l'assaut final - on comparera avec la photo publiée à la page 66 de notre *Bataille du Cotentin*, prise sous un angle légèrement différent. (© *Baltimore Sun* - coll. Heimdal.)

2. Des soldats de la *79th Infantry Division* enlèvent des panneaux allemands dans Montebourg. Cette photo, débloquée par la censure militaire le 28 juin, a dû être prise le 20 ou le 21 par le photographe Lee Mc Cardell du *Baltimore Sun*. (© *Baltimore Sun* - coll. Heimdal.)

3. Photo (recadrée) prise à Montebourg le 20 ou 21 juin par Lee Mc Cardell du *Baltimore Sun* montrant deux habitants de Montebourg offrant des bouteilles de vin à un officier américain. (© *Baltimore Sun* - coll. Heimdal.)

1

3

2

Repli général

Dès le 17 juin, après la percée américaine vers la côte ouest, le commandement allemand envisage un repli sur la *Festung Cherbourg* des unités qui seraient encerclées afin de bénéficier d'une bonne ligne de résistance. A **midi**, ce 19 juin, les unités allemandes reçoivent l'ordre de décrocher sur la *Festung*. Ce repli est planifié. Ainsi, dans ce secteur, il doit se faire tout d'abord sur une ligne Valognes-Quettehou et il faudra tenir cette nouvelle ligne de résistance jusqu'à 23 heures, le temps pluvieux facilitant cette opération. Ce décrochage se fait à l'insu des Américains, malgré quelques accrochages. Dans son ouvrage, *Utah Beach to Cherbourg*, le *Major* Roland G. Ruppenthal écrit que, dans l'après-midi, la résistance allemande est tombée autour de Montebourg et la retraite commence. En fait, jusque vers midi, les Allemands résistent à l'assaut américain sur leurs positions. Mais, après, ils suivent les consignes de repli et décrochent en bon ordre. Malgré quelques escarmouches face à des éléments retardateurs, les Américains n'ont plus rien devant eux et ils peuvent ainsi s'emparer sans combattre de **Montebourg**, qui était la pierre angulaire du front, et de tout le secteur situé au nord de la localité. Deux semaines après le débarquement et après dix jours de durs combats, Montebourg est enfin aux mains de la *4th Division.*

Partout, méthodiquement, les Allemands ont suivi les consignes de repli général sur la *Festung Cherbourg*. La *9th Infantry Division* et la *79th Infantry Division* vont progresser rapidement, n'étant ralenties que par des destructions causées par des unités du Génie ou quelques éléments retardateurs. Dans la soirée, la *9th Infantry Division* arrive devant Valognes. C'est encore une fois dans le secteur de Montebourg, face au front de la *4th Infantry Division*, que la progression a été la plus faible. Mais, maintenant, la bataille de Cherbourg va commencer.

Combats devant la *Festung Cherbourg* (20 au 23 juin)

Les Allemands peuvent ainsi décrocher sans problème sur la *Festung Cherbourg* où se retrouvent regroupées les unités prises au piège. Les seuls problèmes sont dus à des embouteillages car les colonnes en repli se croisent sur les petites routes menant à la cuvette où est établie la ville de Cherbourg. Le mauvais temps et la prudence des unités américaines, qui n'avaient pas pris conscience de l'importance de ce décrochage, ont facilité cette opération.

Le **20 juin**, à l'ouest, la ***9th Infantry Division*** doit arriver sur les hauteurs dominant Cherbourg à l'ouest et isoler la presqu'île de la Hague en prenant la cote 170 à l'est du haut de Biville. Elle va maintenant avancer dans un paysage plus accidenté, coupé par des vallées plus profondes, mais aussi plus dénudé, avec un bocage moins serré, des landes et des affleurements rocheux. La cote 170 sera atteinte mais le *60th Infantry Regiment* (colonel de Rohan) subit un bombardement d'artillerie lors de la progression sur les pentes de cette éminence. Les 1er et 2e bataillons du *47th Infantry Regiment* ont atteint le carrefour situé sur la cote 114 au sud-est d'Acqueville. Ces deux bataillons sont arrêtés par les tirs d'artillerie et d'armes légères venant des hauteurs situées à l'est. Le 2e bataillon subit des pertes en recevant des obus de 88 mm et de 20 mm, ainsi que des balles de MG. Un obus de 88 tombe au centre d'un groupe de commandement ; le chef de bataillon et deux autres officiers sont tués. Mais, malgré ces deux accrochages, le bilan de la journée reste bon pour cette division. Elle atteint une ligne Courbesville - Acqueville - Sideville, face à l'ouest de la *Festung*.

Au centre, la ***79th Infantry Division*** commence sa progression à **6 heures** du matin. Elle avance jusqu'à Delasse, en ayant évité Valognes, et tombe sur les avant-postes allemands au carrefour de Delasse. Le *313th Infantry Regiment* passe à côté de l'immense chantier de Brix dont les bunkers devaient abriter les « armes spéciales ». Le *314th Infantry Regiment* se heurte aux premières lignes allemandes près de Saint-Martin-le-Gréard. Les deux régiments sont arrivés au contact de la *Festung*.

La ***4th Infantry Division*** s'aperçoit enfin que les Allemands se sont repliés ; la division va maintenant progresser rapidement pour arriver de nouveau au contact. Le bocage est si dense dans ce secteur, aux approches du Val de Saire, qu'il est impossible de savoir si des éléments retardateurs allemands ne sont pas encore embusqués derrière certaines haies. Cette région de Normandie est un véritable « enfer vert » pour les fantassins américains. La progression y est difficile. Cependant, à **9 h 15**, le colonel Foster, commandant par intérim le *22d Infantry Regiment*, envoie le message suivant à ses unités afin de les stimuler : *« On dit que la 9th Division menace Cherbourg avec ses canons. Imaginez que le* Major General *Barton est ennuyé de voir la* 4th Division *précédée par une autre devant Cherbourg. »* A partir de **midi**, le *8th Regiment* et le *22d Regiment* vont utiliser les routes, pour progresser.

En fait devant la division du *Maj.Gen.* Barton, les Allemands ont effectué un double repli. Les unités remontant du sud (secteurs de Montebourg et de Valognes), dont la *KG Keil*, se sont dirigées vers le nord, vers la *Festung Cherbourg*. Mais le Val de Saire (à l'est de Cherbourg) a aussi été évacué dans sa plus grande partie. Le lieutenant Krausshar, qui commande le poste émetteur de la *Luftwaffe* installé à Teurthéville-le-Bocage, s'est replié avec ses hommes la veille. Il en est de même pour une batterie de 88 millimètres installée à Ourville (entre le Vast et Le Theil) et pour les artilleurs de la batterie de Gatteville. La nuit précédente, les Allemands ont abandonné et saboté les pièces de la batterie de La Pernelle. Quettehou, Saint-Vast et toute la côte orientale du Val de Saire ont été évacués. Cette région située à l'est de Cherbourg présente une côte basse principalement rocheuse. Elle est coupée, d'ouest en est, par une vallée assez encaissée, arrosée par la Saire. Les flancs de cette vallée sont en partie boisés ; c'est un obstacle non négligeable. En dehors de la bande côtière bien dégagée, le Val de Saire est aussi recouvert d'un bocage très dense où il est facile de se retrancher mais les Allemands, là aussi, vont se replier. Ils utiliseront le retranchement de l'aile orientale de la *Festung Cherbourg*, la position *Osteck* (« l'angle oriental »). Dans ce secteur, la ligne défensive s'appuie sur le cours de la Saire au nord du Theil en remontant vers le nord par Gonneville jusqu'à l'est du cap Le Vi.

Ainsi, dans l'après-midi, le *22d Inf. Rgt.* arrive enfin dans le secteur au Theil, où il se trouve dominé par les positions allemandes situées au nord de la Saire. Les Allemands ouvrent alors un feu dévastateur ; le 1er bataillon (le *1/22*) subit de lourdes pertes. Le *8th Regiment* entre en contact avec les avant-postes allemands au sud-est et à l'est de Ruffosses, à la tombée de la nuit. Les hommes vont s'enterrer à 550 mètres du carrefour. La *4th Division* est donc maintenant au contact de la « Forteresse Cherbourg » ; son *8th Regiment* a aujourd'hui parcouru plus de dix kilomètres, le *22d Regiment* en a fait plus de treize. Demain la bataille sera dure.

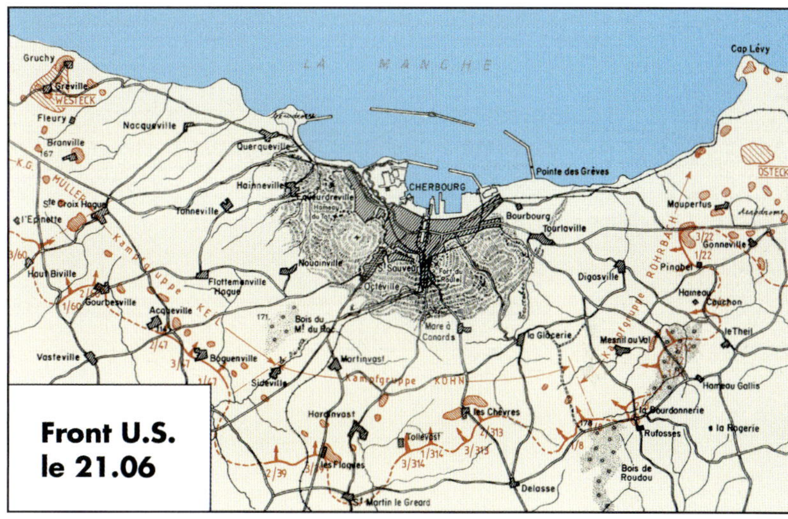

Mercredi 21 juin

Le 21 juin, à l'est, le *22d Regiment* progresse vers Gonneville. Le front de la *Festung* est tenu par quatre groupements tactiques, des *Kampfgruppen*. (Heimdal.)

Les Allemands sont maintenant en place sur leurs positions de la *Festung*. Ils attendent fermement leurs adversaires, mais ils sont sans illusions. La « forteresse » est redoutable pour un ennemi venant de la mer, forts et batteries sont tous orientés dans cette direction. Mais, à l'exception des deux réduits de *Westeck* et d'*Osteck*, la ligne de défense terrestre n'est qu'une suite de petits points d'appui sommairement aménagés, dont certains ne sont même pas entourés de réseaux de barbelés. Rares sont les éléments défensifs bétonnés. Outre les deux réduits cités, il n'y a guère que deux ensembles de bunkers, devant Cherbourg, sur la RN 13, qui présentent des positions en béton. Par ailleurs, les troupes qui occupent cette ligne de défense sont de valeur inégale. Enfin, la plupart des pièces disponibles sont enfermées dans des bunkers tournés vers la mer. Ainsi, dans quelques jours, le redoutable fort du Roule, qui domine le port de Cherbourg du haut de sa falaise rocheuse munie de bunkers et de pièces d'artillerie, sera tout simplement pris par l'arrière, par le plateau où se trouvent peu de défenses et les pièces d'artillerie logées dans la falaise ne pourront rien faire. Les Allemands savent donc qu'ils sont le dos à la mer sur une ligne de défense relativement légère, appuyés seulement par quelques batteries d'artillerie de campagne et de lance-fusées. Leur résistance ne pourra être effective que pendant quelques jours. Leur mission : tenir le plus longtemps possible pendant que le Génie détruit méthodiquement les installations du port de Cherbourg. Les Alliés ont un besoin urgent de ce port pour amener leur ravitaillement et de nouvelles divisions. Cet objectif doit leur être interdit le plus longtemps possible alors que les Allemands espèrent encore amener des renforts sur le front plus

Les défenses n'étaient pas terminées; nous voyons ici une casemate de la batterie d'Ozouville en cours de ferraillage, munie d'un coffrage pour préserver l'embrasure, photo prise le 2 septembre 1944. D'autres casemates étaient toutefois terminées sur ce site. (DAVA/Coll. Heimdal.)

rapidement que les Alliés. Le *II. SS-Panzerkorps* arrive d'ailleurs en ligne dans le secteur de Caen.

La mise en défense de la *Festung* - Dès le 20 juin, von Schlieben, qui commande la *Festung* a disposé les unités dont il dispose sur le périmètre défensif. D'ouest en est, ce sont :

- La ***Kampfgruppe Müller***, sous les ordres du lieutenant-colonel Müller venu de Lestre avec son *Regiment 922* (originaire de la *243. ID*) qui tient des positions dans la Hague et devant le réduit défensif de *Westeck*.

- La ***Kampfgruppe Keil***, sous les ordres du lieutenant-colonel Günther Keil qui installe son PC dans une galerie rocheuse près de Querqueville où se trouve déjà le PC d'un groupe d'artillerie lourde (*Major* Quittnat). Keil disposera ici des IIe et IIIe bataillons de son régiment (*II./919* et *III./919*), dont les compagnies sont réduites à trente ou cinquante hommes. Il disposera aussi d'une partie du *MG-Bataillon 17*, d'éléments d'un bataillon (Wenk - *Pz.Ers.A.Abt. 101*) de chars obsolètes, de jeunes gens du « Service à Travail » (RAD) sans instruction militaire véritable, et de compagnies de marche de la marine sans formation militaire véritable et sans esprit combatif. Comme le dit alors von Schlieben à Keil, les hommes des services de l'arrière placés sur le front « *n'ont pas un bon esprit et montrent peu de volonté de combattre* ». D'ouest en est, Keil a disposé son *II./919*, son *III./919*, le *MG-Batl. 17*, pour quinze kilomètres de front avec quinze « nids de résistance » sommaires (certains n'ont pas de ceinture de barbelés). - Vient ensuite (au centre), la ***Kampfgruppe Köhn***, du colonel Köhn avec son *Jäger-Regiment 739*. - La ***Kampfgruppe Rohrbach*** avec divers éléments dont l'*Infanterie-Regiment 729* (originaire aussi de la *709. ID*). Ces éléments hétéroclites présentent à peine l'équivalent d'une seule division. Le gros est constitué d'éléments de l'arrière.

A l'ouest, la ***9th Infantry Division*** devra tenter d'isoler la *Festung* de la Hague. Dans ce secteur, le *4th Calvary Group* (colonel J.M. Tuly) doit relever le *60th Infantry Regiment* (colonel Frederick J. de Rohan) pour mener une reconnaissance vers la Hague. Le 2e bataillon de ce régiment tentera sans succès d'entrer dans Sainte-Croix-Hague. Par ailleurs, le 3e bataillon du *47th Infantry Regiment* (colonel George W. Smythe) mènera une avance prudence en évitant le combat afin d'obtenir des renseignements sur les positions adverses. Il lancera des patrouilles afin de mieux connaître les positions allemandes de la cote 171. Enfin, le *39th Infantry Regiment* (colonel Harry A. Flint) relèvera le *4th Calvary Group*.

Au centre, la ***79th Infantry Division*** tente de progresser au contact de la ligne allemande mais les patrouilles tombent partout sous le feu des mitrailleuses et des canons allemands. Le *313th Infantry Regiment* essaie d'avancer sur Saint-Martin-le-Gréard.

Par contre, c'est dans le secteur de la ***4th Infantry Division*** qu'auront lieu les succès les plus sensibles. La division progresse tout d'abord assez bien car elle n'était pas, la veille, partout au contact de la ligne de résistance principale allemande *(Hauptkampflinie)*. Le *Maj. Gen.* Barton va donner trois objectifs aux régiments d'infanterie de sa division :

- A l'ouest du secteur de la division, le *8th Infantry Regiment* (colonel Van Fleet) devra prendre la cote 178 (en fait la cote 177 sur les actuelles cartes IGN) à l'ouest de Ruffosses. Cet objectif a été attaqué sans succès par le régiment la veille.

- Le *12th Infantry Regiment* devra établir quelle est la position de la ligne de défense allemande au-delà du Bois du Coudray.

- Le *22d Infantry Regiment* devra traverser la Saire et attaquer plein nord pour tenir la route Saint-Pierre-Eglise - Cherbourg à l'ouest de Gonneville.

Les Ier et 3e bataillons se mettent en marche à 10 heures, le 3e bataillon progresse à l'est du Bois du Roudou et nettoie les derniers points de résistance allemands sur Ruffosses avec l'aide des chars du *70th Tank Battalion*. Mais ces deux bataillons sont arrêtés par les tirs d'artillerie provenant du bois où se trouve la base de V1. Le 2e bataillon attaque alors, sa compagnie E passe au travers des lignes allemandes mais elle est isolée au milieu des Allemands. La compagnie F attaque à son tour derrière un écran de chars, c'est un succès. Les chars du *70th Tank Battalion* écrasent les haies, qui sont ici basses et peu fournies, et la compagnie F rejoint la compagnie E. Mais les Allemands contrôlent encore le carrefour et coupent les arrières des compagnies américaines qui se trouvent encerclées et vont passer la nuit entourées par les Allemands.

La *12th Infantry Regiment* attaque dans la soirée. Il est face au Bois du Coudray. Le 2e bataillon attaque à partir de 17 h 30 et il se trouve au contact des positions allemandes vers 18 heures. Il avance tout d'abord facilement en sous-bois puis il tombe sous le feu des mortiers et des MG devant le pont sur la Saire, détruit, au carrefour Desplanques.

Plus à l'est, le *22d Infantry Regiment* a une mission particulièrement importante. Il doit traverser la Saire et avancer au nord pour prendre la cote 158 qui domine le secteur, à l'ouest de Gonneville sur la route Saint-Pierre-Eglise - Cherbourg. Si la percée réussit, elle isole la partie orientale de la *Festung*, et en particulier *Osteck* qui serait ainsi encerclé. Le choix est donc judicieux. C'est un objectif important pour tout le *VII Corps* et pour son chef, le *Maj. Gen.* Collins.

Les Ier et 2e bataillons partent du Theil soutenus par la compagnie B du *70th Tank Battalion*. Les compagnies avancent derrière un barrage d'artillerie. Il est 16 heures. Les unités progressent en subissant de violents tirs d'artillerie en provenance de Maupertus. La progression se fait jusqu'au Hameau Pinabel mais les tirs d'artillerie bloquent tout. Le régiment obtient alors l'appui de P-47 qui bombardent les positions allemandes. La progression se fait alors jusqu'à la cote 158 et au Hameau Bellevue. La route est enfin atteinte. Des jeunes de dix-sept et dix-huit ans, recrues du « Service du Travail », se défendent avec acharnement, utilisant leurs pelles individuelles quand les munitions sont épuisées. Les Américains perdent même trois chars derrière les remises incendiées de la Ferme Bellevue. Mais ils ont toutefois conquis ce point stratégique essentiel qui domine Cherbourg.

Les trois bataillons du régiment vont s'arrêter là mais les Allemands s'infiltrent sur leurs arrières à la hauteur de Gonneville et le *22d Infantry Regiment* est alors coupé du reste de la division. Pendant quatre jours, le ravitaillement se fera suivant quelques axes avec l'appui de chars dans un terrain dangereux, il y aura quelques pertes.

Ce soir se termine la première phase de l'offensive sur Cherbourg. Les trois divisions américaines, après être arrivées partout au contact des positions allemandes, sont prêtes à l'assaut final. Mais les Allemands utilisent au mieux le terrain accidenté en se raccrochant sur les pentes escarpées qui dominent les positions adverses. Il est maintenant essentiel que les Américains obtiennent très rapidement la victoire. En effet, depuis le 19 juin, la tempête de solstice souffle avec rage. Elle se terminera le 22 et, après trois jours de violence, elle aura complètement anéanti le port artificiel américain de Saint-Laurent et aura durement endommagé celui d'Arromanches. Le ravitaillement est considérablement réduit, donnant une chance nouvelle aux Allemands. Le ravitaillement en munitions est réduit d'un tiers dans le secteur de Cherbourg.

Jeudi 22 juin

Dans la nuit du 21 au 22 juin, le *Lt. Gen.* Collins a envoyé un ultimatum au général von Schlieben, il lui a exposé le caractère désespéré de sa situation et lui a demandé la reddition de Cherbourg. L'ultimatum expire à 9 heures le 22 juin. Le *Maj. Gen.* Collins est toutefois sceptique quant au résultat de sa proposition et il prépare l'assaut final. Il sera soutenu par un engagement massif de l'aviation. La première vague sera fournie par la RAF avec quatre escadrilles de Typhoons suivies par six escadrilles de Mustangs, éléments de la *2d Tactical Air Force*. Ils seront suivis par les bombardiers de la *9th US Air Force* du général Quesada, regroupant 562 bombardiers P-47, P-38 et P-51. A 9 h 40, l'ultimatum n'a toujours pas obtenu de réponse. Le *Maj. Gen.* Collins transmet alors l'ordre d'attaque.

Le *Maj. Gen.* Collins a réparti les objectifs de ses trois divisions :

- A l'ouest, la *9th Infantry Division* devra s'emparer des points forts au nord et à l'est de Flottemanville-Hague et de Martinvast, en particulier les positions du **Bois du Mont-Roc**, puis elle poussera jusqu'à Octeville et prendra les hauteurs surplombant Cherbourg.

- Au centre, la *79th Infantry Division* prendra les deux lignes d'obstacles bétonnées sur la RN 13 puis

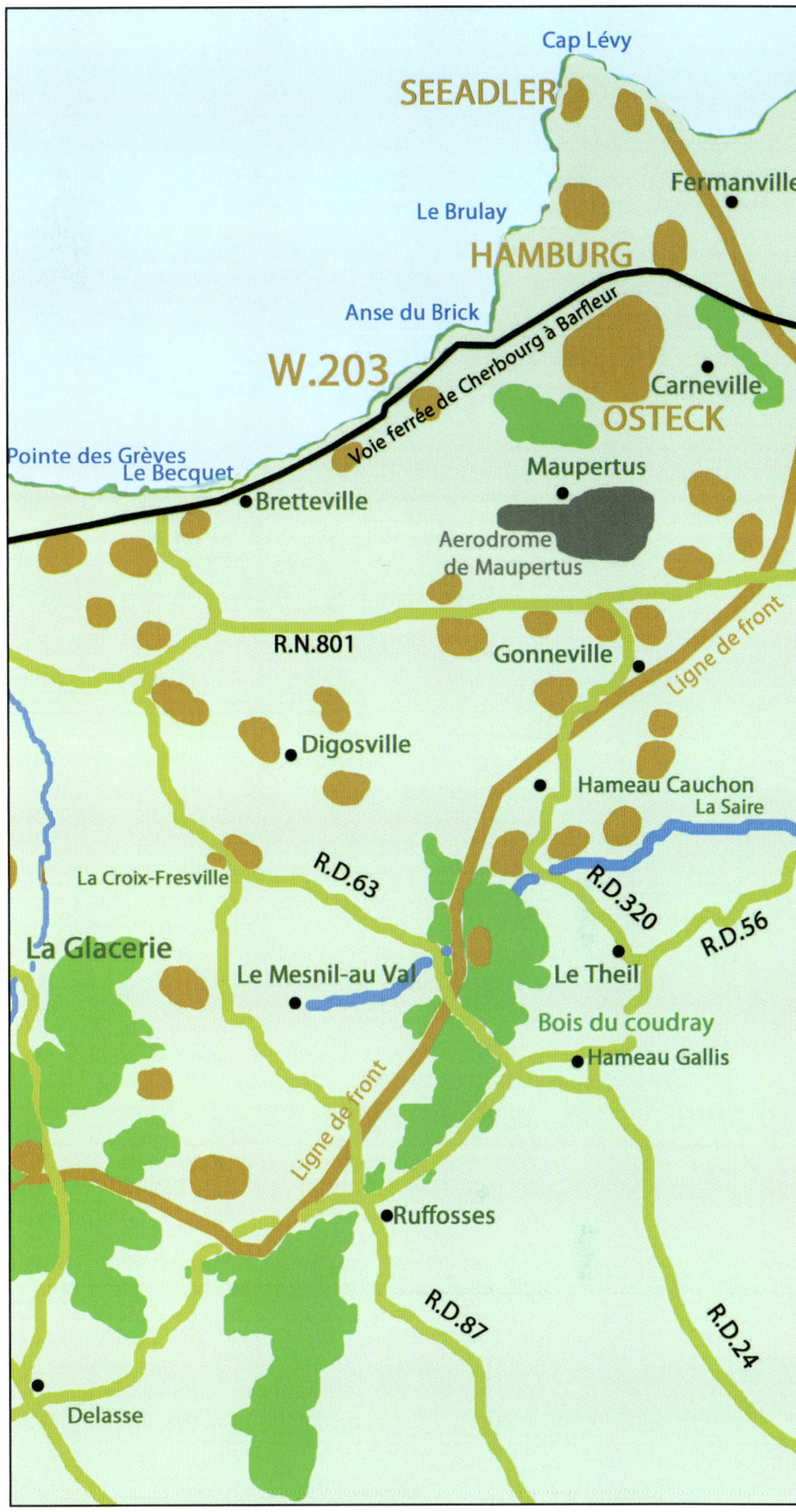

Ci-dessus : positions fortifiées à l'est de Cherbourg, en direction du Val de Saire, secteur de la *4th Division*.

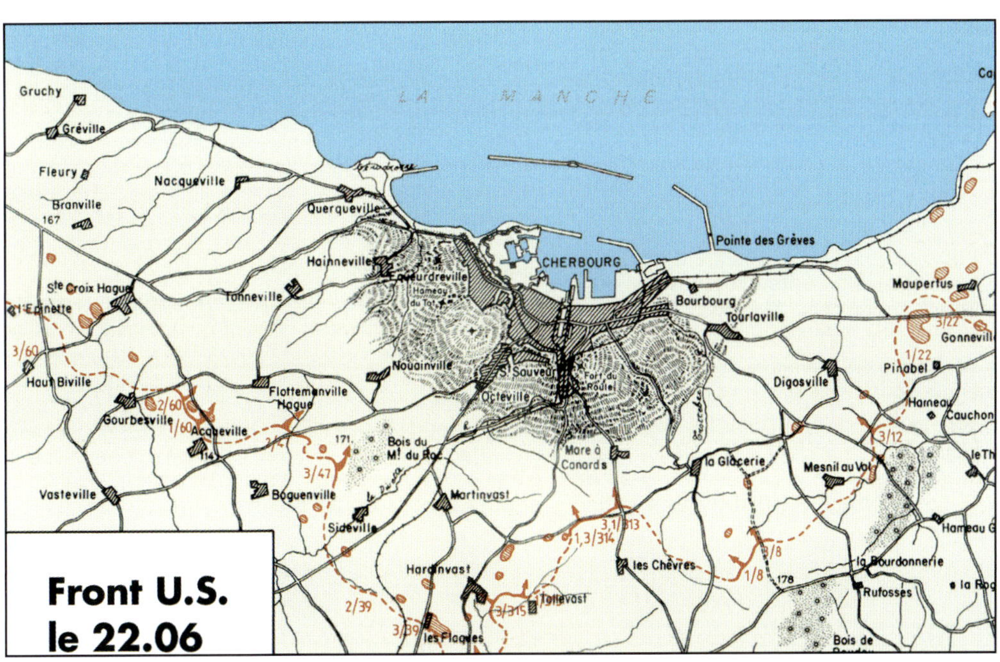

Ci-contre : Le 22, la progression est générale, surtout au centre, sur l'axe de la RN13, en direction de la Mare à Canards. (Heimdal.)

Le 23, au centre, le *314th Regiment* avance vers le Fort du Roule. (Heimdal.)

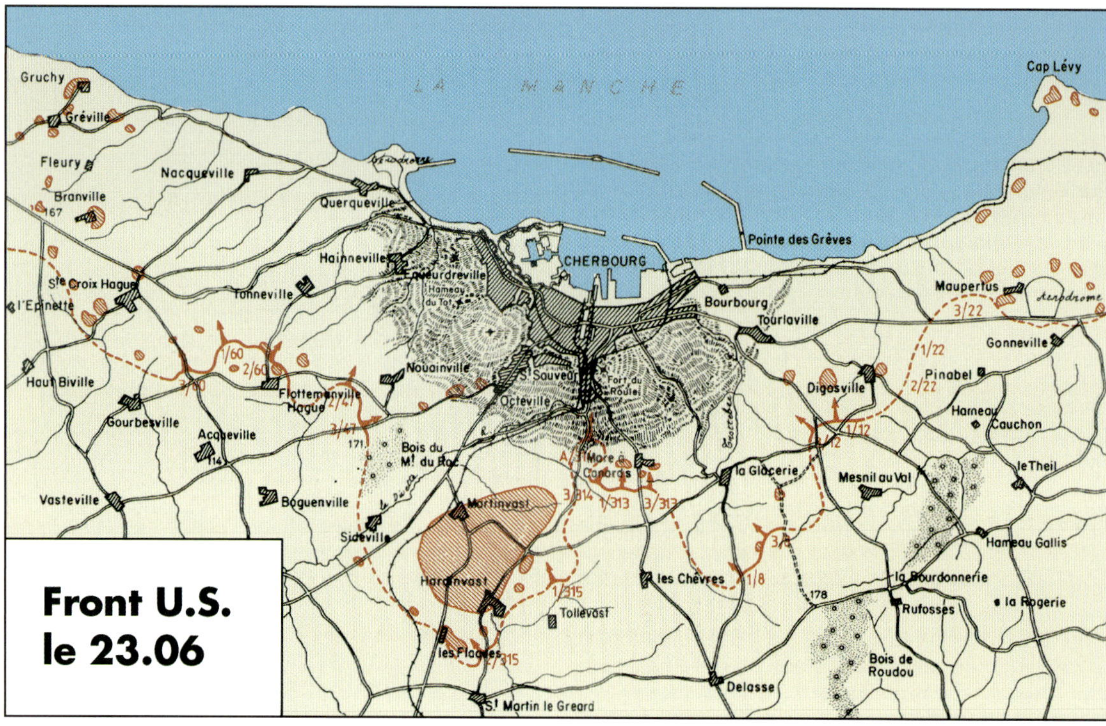

s'emparera de l'éperon sur lequel est situé le **Fort du Roule**.

- A l'est, la *4th Infantry Division* continuera sa mission, surtout le *12th Infantry Regiment* qui aura le rôle essentiel en poussant sur **Tourlaville**.

Au moment du bombardement, les troupes reculeront de 900 mètres puis l'artillerie interviendra et les régiments monteront alors à l'assaut. Le temps est favorable, suite à l'ordre donné à 9 h 40, les chasseurs-bombardiers de la *2d Tactical Air Force* interviennent à 12 h 40. Puis, vers 13 heures, ce sont les 562 bombardiers du général Quesada qui apparaissent dans le ciel.

Mais les bombardements américains touchent aussi les premières lignes américaines ; il y a des pertes dans plusieurs régiments d'infanterie (les *47th, 60th* et *22d*). La *9th Infantry Division* et la *79th Infantry Division* attaquent à 14 heures. La *4th Infantry Division* suivra à 14 h 30. Mais les résultats des bombardements ont été assez médiocres. Ils ont surtout coupé les lignes de communications et ébranlé le moral des troupes. Avec de gros moyens, il y a surtout eu un manque de précision. Les meilleurs résultats sont notés à l'ouest de la *Festung*, face à la *9th Infantry Division*, dans le secteur de la *KG Keil*.

A l'ouest, dans ce secteur de la ***9th Infantry Division***, l'attaque a lieu sur une ligne Acqueville-Sideville. Les Allemands sont retranchés sur le Bois du Mont du Roc (cote 171, au nord de Sideville). Les unités de la 9e division font tout d'abord de bons progrès grâce aux bombardements. Le *60th Infantry Regiment* prend Acqueville trente minutes après son départ. Mais son élan est brisé et il doit attaquer les positions allemandes au sud-ouest de Flottemanville-Hague mais sans grand résultat. Quant au *47th Infantry Regiment*, son 2e bataillon s'empare finalement du Carrefour des Pelles après plusieurs assauts à la grenade. Le 3e bataillon de ce régiment se glisse au sud de Baudienville pour monter à l'assaut du Bois du Mont du Roc mais subit des tirs d'artillerie. Dans la nuit, quelques éléments allemands s'infiltrent. Malgré quelques progrès, la cote 171 reste un objectif à conquérir pour demain.

Au centre, la ***79th Infantry Division*** doit percer trois lignes de défense :

- Près des Chèvres (au nord de Delasse), il y a des positions bétonnées qui contrôlent la RN 13. Ce point d'appui se relie à la vallée de la Douve (à l'ouest) et du Trottebec (à l'est). Devant le point d'appui s'étire un fossé antichar en zigzag. Ici, le terrain est dénudé.

- A quatre kilomètres plus au nord, se trouve le point fortifié de la Mare aux Canards, à côté de la route.

- Plus loin au nord, se trouve le Fort du Roule.

- En outre, la division devra affronter le périmètre fortifié du plateau portant la route au nord d'Hardinvast.

Une attaque frontale est menée avec les trois régiments de la division. L'effort principal est demandé au *313th* qui va affronter la position des Chèvres. L'attaque commence à 14 heures, après le bombardement, mais la progression reste difficile. La position des Chèvres est réduite par un mouvement enveloppant. Les combats se poursuivent partout jusqu'à 2 heures du matin, la première ligne a été enfoncée et les Ier et 3e bataillons du *313th* sont arrivés jusqu'à la Pierre Butée.

A l'est, la ***4th Infantry Division*** doit progresser face à la *Kampfgruppe Rohrbach* (éléments du *729. IR*, du *739 IR*, des compagnies de marche de la marine, des personnels de la Flak ou de l'artillerie côtière).

Sur l'aile gauche de la division, le *8th Infantry Regiment* du colonel Van Fleet doit prendre le Mesnil-au-Val et atteindre son objectif du jour : les hauteurs situées à l'est de la Glacerie. Mais le carrefour 148 (carrefour Brisquet, au nord de Ruffosses) est toujours aux mains des Allemands. Pendant la nuit, les Allemands ont encerclé les compagnies qui sont en avant et ils ont même mené un raid sur le PC du 2e bataillon. Il faut en finir ! Une grosse concentration d'artillerie (canons et mortiers) a été déclenchée pendant huit minutes sur le petit bois où les Allemands sont retranchés. Soixante-quinze Allemands abasourdis par la violence des tirs, agitent des drapeaux blancs et se rendent, mais un nombre important de leurs camarades tient encore. Le bombardement reprend. Cent autres se rendent. Il y a de nombreuses victimes, plus d'une centaine de blessés sont ramassés sur le terrain. Au total, près de trois cents Allemands ont été neutralisés.

A 14 h 30, les bataillons peuvent enfin se remettre en route, ils dépassent l'ancienne base de V1 en se dirigeant vers le nord. Le 3e bataillon a progressé de 900 mètres et arrive devant une nouvelle position allemande. Il est cloué au sol par les tirs adverses. La compagnie I perd cinquante hommes en menant une attaque de flanc. Finalement, à la nuit, le bataillon a emporté la position en ayant perdu trente et un tués et quatre-vingt-douze blessés.

Au centre de la *4th Division*, le *12th Infantry Regiment* (colonel S.J. Luckett) doit prendre Tourlaville. Sur l'aile droite de la division, le *22d Infantry Regiment* couvrira le *12th* sur sa droite et en arrière. Ainsi, le *12th Regiment* est dans le Bois du Coudray, face au pont détruit sur la Saire. Le 3e bataillon tente un mouvement tournant mais il est repéré par les Allemands qui ouvrent le feu, les Américains répliquent. A 14 h 30, les compagnies I et L ont réussi à grimper sur le versant opposé en chargeant ; surpris, les Allemands décrochent et laissent vingt prisonniers. Progressivement, avec difficulté, les différentes compagnies de ce bataillon s'implantent sur la rive nord de la Saire. A la tombée de la nuit, le bataillon se replie légèrement pour tenir un terrain plus favorable mais il est coupé de ses arrières par des infiltrations allemandes.

La situation est maintenant confuse, les deux régiments américains (le *12th* et le *22d*) ont échoué en n'obtenant que des objectifs intermédiaires et Tourlaville reste hors de portée.

Vendredi 23 juin

Les trois divisions vont continuer de se battre aujourd'hui pour atteindre leurs objectifs de la veille. Revenons là où nous étions restés au soir du 22 juin, auprès du *22d Infantry Regiment*, sur l'aile droite de la ***4th Infantry Division***. La progression est difficile, confuse, et le bilan de la journée reste faible.

Au centre, la ***79th Infantry Division*** va poursuivre sa progression vers le Fort du Roule. Dans la nuit, les Allemands se sont infiltrés sur les arrières des Américains. Deux bataillons (le Ier et le 3e) du *314th Infantry Regiment* sont coupés de leurs arrières. Il en est de même pour le *313th*. Aujourd'hui, la division continuera pour enlever la deuxième ligne de défense. Après une première attaque de l'aviation tactique, le 3e bataillon du *314th* a pris une partie de ses objectifs mais un violent tir de l'artillerie allemande lui cause de lourdes pertes. Une attaque ultérieure du Ier bataillon a de meilleurs résultats. Mais le *314th* reculera pour permettre demain une action plus décisive de l'aviation sur ces positions.

Sur la gauche du front, au sud de la Hague, la *9th Infantry Division* s'est préparée à l'offensive finale dans la nuit du 22 au 23 juin. Le Bois du Mont du Roc et le retranchement de Flottemanville-Hague sont entourés sur au moins trois côtés mais ils sont encore aux mains des hommes du *KG Keil*.

Aujourd'hui, le *39th Infantry Regiment* de la ***9th Division*** participe à l'attaque avec l'aide de Tank-Destroyers, au nord-ouest de Beaudienville. Sur sa droite, le *47th Infantry Regiment* attaque la cote 171 (le Bois du Mont-du-Roc), mais l'assaut de son Ier bataillon est balayé par des pièces de Flak. Finalement, en fin de journée, le 2e bataillon atteint ses objectifs. Les GI's font quatre cents prisonniers. Le régiment pousse maintenant sur Nouainville, à l'ouest d'Octeville. Sur l'aile gauche de la division, vers la Hague, le *60th Infantry Regiment* attend toute la journée le bombardement des positions de Flottemanville-Hague. Mais, finalement, les tirs d'artillerie écrasent les positions et les *GI's* s'en emparent.

Aujourd'hui, le général Karl Wilhelm von Schlieben est nommé commandant en chef de toutes les forces de la *Festung* en remplacement du général Robert Sattler qui était *Stadtkommandant* et devient maintenant son subordonné. Von Schlieben ne commandait en effet jusqu'à présent qu'aux forces terrestres. Il prend aussi le contrôle des unités de la marine. Mais von Schlieben doit affronter une situation difficile. Ses quatre *Kampfgruppen* tiennent encore, mais pour combien de temps ? Leurs secteurs sont enfoncés un peu partout. La première ligne de défense est percée en divers endroits, quelques offensives locales des divisions américaines permettant de percer la deuxième ligne de défense et Cherbourg sera alors sous le feu direct d'unités américaines. Voici quelle est la situation ; d'ouest en est le front de la *Festung* est divisé en quatre secteurs :

- A l'ouest, le lieutenant-colonel Müller tient le secteur de la Hague avec ce qui reste de son *Infanterie-Regiment 922* (originaire de la *243. ID*) et d'autres éléments. Ce secteur est encore resté en dehors des combats.

- Au sud-ouest (soit l'est de la Hague), jusqu'à la route des Pieux (à l'est), se trouve le secteur de Günther Keil avec ce qui reste de l'*Infanterie-Regiment 919* (originaire de la *709. ID*) et divers éléments dont une compagnie de la *Panzer-Ersatz-Abteilung 101*.

- A l'est (face au Val de Saire), le lieutenant-colonel Rohrbach a constitué une nouvelle *Kampfgruppe* formée de divers éléments, dont l'*Infanterie-Regiment 729* (originaire de la *709. ID*). A l'est, de ce secteur une poche est maintenant constituée autour du camp retranché d'*Osteck*. Les troupes qui s'y trouvent sont sous le commandement du *Major* Küppers.

Numériquement, les forces que rassemble le général von Schlieben sont légèrement inférieures aux effectifs de trois divisions américaines qu'il doit affronter. Mais, sur le plan militaire, il ne faut pas compter les hommes qui n'ont pas de valeur combative. En première ligne, il n'y a que les restes des régiments d'infanterie qui combattent depuis deux semaines. Ce sont essentiellement les quatre *Kampfgruppen*, plus les garnisons des deux camps retranchés de *Westeck* et *Osteck*. Chaque *Kampfgruppe* aligne la force d'un régiment d'infanterie (aux effectifs souvent composites) face à une division américaine forte de trois régiments d'infanterie et disposant chacune de l'appui d'un régiment d'artillerie. Sur la ligne de front, la supériorité américaine est d'environ trois à quatre contre un, avec une nette supériorité en artillerie et une totale supériorité au niveau de l'aviation. Cette supériorité américaine s'est d'ailleurs accrue depuis deux jours avec des pertes : points d'appui écrasés par les bombes ou l'artillerie, positions tournées et encerclées.

Le général von Schlieben mène le dernier combat depuis son PC de la Villa Maurice, située près de la rue Waldeck-Rousseau et de la rue Président Loubert à Octeville. Il y a là un **PC souterrain** constitué par quatre galeries transversales. Il abrite alors plus d'un millier d'hommes ! Von Schlieben ne se fait plus d'illusions, il vient de donner l'ordre de « *combattre jusqu'à la mort* ». Il ne reste plus qu'à tenir encore quelques heures, voire quelques jours pour retarder la prise de possession du grand port par les Alliés.

Près de Cherbourg, deux soldats du *359th Infantry Regiment* (le marquage de cette unité a été maquillé par la censure) de la *9th Division* observent des positions allemandes. L'un d'eux est prêt à tirer une grenade à fusil. (NA/ Heimdal.)

1

2

Valognes, 20 et 21 juin 1944.

Après la percée américaine dans l'ouest du Cotentin et le repli allemand de Montebourg dans la nuit du 19 au 20 juin, Valognes, ville historique au cœur du Cotentin, appelée le « petit Versailles normand », est aussi abandonnée sans défense par les Allemands qui ont planifié dès le 17 juin un repli général sur la *Festung Cherbourg*. Ce 20 juin, la *4th Infantry Division* s'aperçoit enfin que les Allemands se sont repliés. Le colonel Van Fleet envoie des patrouilles du 1er bataillon de son *8th Infantry Regiment* jusqu'à Valognes ; ses hommes lui annoncent que la localité a été évacuée. Mais les bombardements ont massacré le centre historique qui n'est plus qu'un champ de ruines, les rues sont bloqués par les décombres et la division prendra du retard dans sa progression pour le contourner.

3

Valognes, l'église Saint-Malo ruinée.

1. L'église Saint-Malo, était un joyau médiéval de Valognes ; elle a été très durement touchée, totalement éventrée. Une femme en costume traditionnel du Cotentin passe devant le chœur et les restes d'une chapelle, ouverts sur le vide.

2. A l'intérieur des ruines de l'église, on aperçoit deux arcades du chœur, la grande arcade du transept méridional et, dans le fond, une arcade de la nef.

3. Les ruines de l'église depuis l'ouest avec, à droite, les vestiges aperçus sur la photo **2**. Les restes du chœur sont dans le fond. Cette église sera restaurée après guerre par l'architecte J.Y. Froidevaux, rétablissant le chœur et le transept. La nef sera reconstruite dans un style moderne et froid.

4 et **5.** Ces deux photos exceptionnelles en couleurs prises en 1944 nous montrent des religieuses, une femme et des enfants examinant les ruines de l'église. Nous retrouvons ici le côté sud déjà vu sur la photo **2**, au niveau de la dernière travée, seule subsistante, de la nef.

6. Cette photo de la place Vicq d'Azir est prise un an plus tard, le 6 juin 1945. Les pierres des décombres ont été triées et bien alignées. L'église Saint-Malo attend d'être restaurée. (NA/Heimdal.)

2

1

4

5

Montée en ligne vers Cherbourg

Ces six photos ont été prises par Lee McCardell du *Baltimore Sun*, un journal de la côte est des Etats-Unis. Ce reportage a été débloqué par la censure militaire *(passed for publication)* le 29 juin 1944, donc réalisé entre le 20 et le 25 lors de l'avance sur Cherbourg. Il nous montre une batterie d'artillerie de la *79th Infantry Division*.

1. Nous voyons ici l'état-major de l'*Artillery Battalion* faisant le point avant l'ouverture du feu. De droite à gauche : le *Major* David McNeely, officier d'état-major du *FAB* ; le *T/4* Richard M. Brown (de Cantonville, MD), de l'état-major de l'unité ; le *T/4* Leslie Hook (de Middle River, Maryland), du centre de direction de tir.

2. Le *T/5* Leonard Depser (de Baltimore), opérateur radio d'artillerie, transmet les ordres depuis le poste de commandement.

3. Le *T/5* Wallace L. Cannon (de Cambridge, MD) conducteur d'un camion d'artillerie, ajuste le filet de camouflage sur le canon après le changement de position sur un nouveau bivouac.

4. Deux artilleurs préparent les obus, mettant en place les charges de poudre - de gauche à droite : le *Private* Pershing Holmes (de Lonaconing, MD) et le *Private* John E. Carlisle (de Calhoun Falls, South Carolina). Nous aurons noté que la majorité des artilleurs sont originaires du Maryland dont un de Baltimore. Ainsi, le photographe du *Baltimore Sun* suit les « enfants du pays ».

3

5. Un soldat allemand de la *Luftwaffe*, probablement de la Flak, se rend aux artilleurs.

6. Une vue du bivouac, là encore protégé par des filets de camouflage, malgré l'absence de réaction de la Flak.

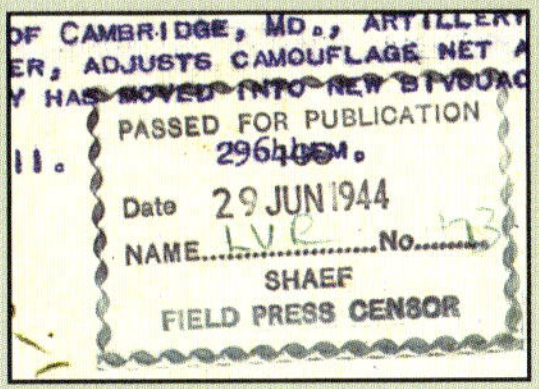

L'un des tampons de la censure.

6

(Photos : © Baltimore Sun/Coll.Heimdal.)

Bataille du Cotentin.

Au milieu de l'épais bocage cotentinais, les combats seront durs pour les fantassins américains progressant vers Cherbourg.

1. Quelques fantassins écoutent la radio évoquant leurs derniers exploits ; ils viennent de couper la Presqu'île du Cotentin. (PL/Heimdal)

2. Le lieutenant George Mutter (un nom d'origine allemande) dirige le tir de l'artillerie sur les défenses extérieures de Cherbourg. (AP/Heimdal)

3. Lors de la progression de ses sections, le capitaine commandant une compagnie reste en liaison avec ses éléments de pointe grâce aux postes radio portés à dos d'homme. (PL/ Heimdal)

4

5

4. Deux fantassins du *39th Infantry Regiment* de la *9th Infantry Division* lancent des grenades par-dessus un mur. Dans ce terrain très cloisonné, le combat rapproché sera fréquent. On aperçoit le marquage AAAO sur le casque du second soldat. (NA/Heimdal)

5. Sur le terrain, les conditions de vie sont sommaires. Le soldat John Wilczewski se rase sans quitter son trou individuel. (DAVA 6110/ Heimdal)

6. L'artillerie américaine a fait un barrage devant l'infanterie ; les GI's progressent maintenant à travers un clos parsemé de vaches et de soldats allemands tués. (NA/ Heimdal)

7. Casque avec le marquage du *39th Infantry Regiment*. (Coll. part.)

7

6

Des Russes devant Cherbourg le 23 juin 1944.

1. Le 23 juin, deux prisonniers de guerre soviétiques, Dimitri Yerschoff et Alexandre Rebuklin, qui avaient travaillé à la construction de batteries allemandes, viennent de se rendre aux Américains auxquels ils vont donner des informations. L'un d'eux porte encore son uniforme de l'Armée Rouge, dont sa veste matelassée. (DAVA 5745/Heimdal.)

2. Mais il y a aussi d'anciens prisonniers de guerre soviétiques enrôlés dans la Wehrmacht. Plusieurs bataillons d'*Osttruppen* formés avec d'ex-soldats soviétiques ralliés aux Allemands ont été engagés dans le Cotentin. Certains d'entre eux viennent de se rendre à une unité de la *90th Infantry Division*. L'un des Russes explique au *M/Sgt* Ted Henning de Newark (New Jersey) et au *S/Sgt* Walt Strauss de Jamaica, L.I. (New York) qu'ils viennent de la région de Smolensk. Cette photo est du correspondant de guerre Kenny. (DAVA/Heimdal.)

3

3. L'un des Russes, le caporal Sansjiar Waliulin, rédige un tract pour pousser ses autres camarades à la reddition. Il est assisté par un officier de renseignements américain de la *90th Division*, le capitaine Herbert Oehmichen (de Keokuk, dans l'Iowa), qui est d'origine allemande. (DAVA/Heimdal.)

4. Quatre des Russes qui se sont rendus regardent un exemplaire du journal *Yank*. Ils seront « restitués » par le trop naïf président Roosevelt à Staline qui liquidera ou enverra en Sibérie ces Russes trop confiants… (DAVA/Heimdal.)

4

2

L'assaut final sur Cherbourg 24 et 25 juin

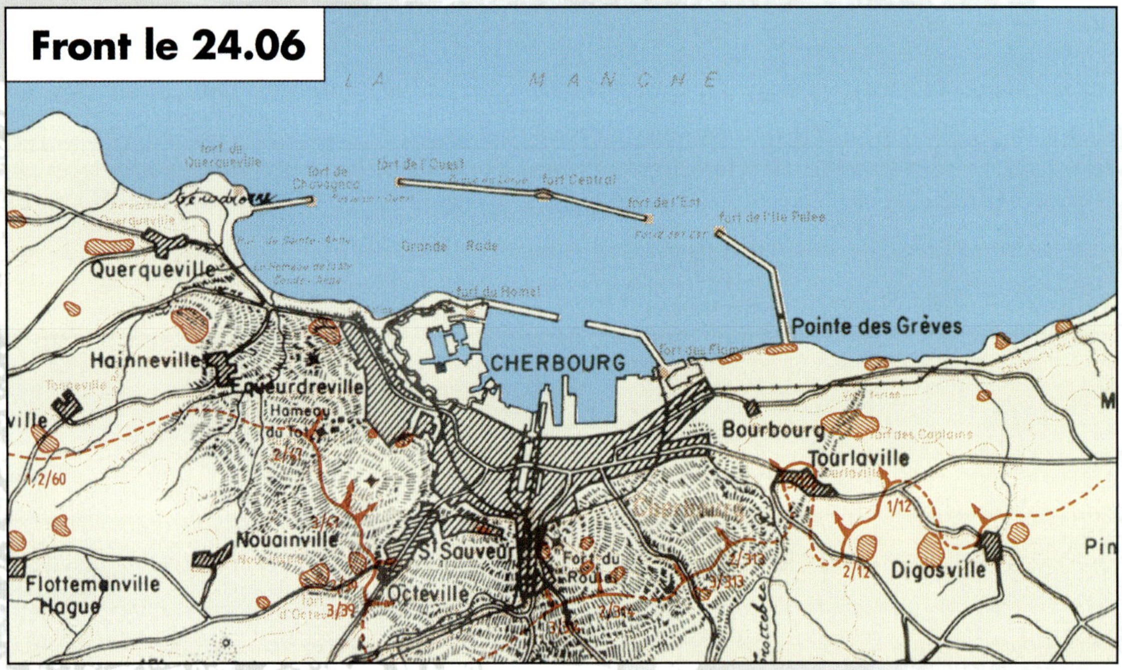

Le 24, les divers régiments s'approchent des hauteurs dominant la ville. (Heimdal.)

Le général Barton commande la *4th Infantry Division*, l'*Ivy Division*

Samedi 24 juin

Toute la journée, l'appui des chasseurs-bombardiers P-47 sera déterminant, en particulier dans les secteurs de la *4th Infantry Division* (Digosville, Tourlaville, La Glacerie) et de la *79th Infantry Division* (Mare aux Canards). Partout, sous les assauts de l'aviation, sous les bombes au napalm, la résistance va s'effondrer et les trois divisions vont dominer Cherbourg directement.

A l'est, dans le Val de Saire, la ***4th Infantry Division*** doit progresser et obliquer vers Cherbourg pour prendre part, elle aussi, à la prise de la ville. Du côté du Val de Saire, le *22d Infantry Regiment* engage deux de ses régiments afin de protéger le flanc droit du *VII Corps*, face aux Allemands retranchés dans Maupertus et Gonneville. Le secteur est toujours dangereux et des Allemands sont encore au milieu des lignes américaines au sud de la cote 158. C'est ainsi que le *22d* devra assurer la sécurité de la route de ravitaillement venant du Theil.

Sur l'aile gauche du *22d*, le *12th Infantry Regiment* (colonel Luckett) devra attaquer à la pointe de toute la division. Pour cette mission, il est renforcé par le 2ᵉ bataillon du *22d Infantry Regiment*. Il va avancer progressivement vers Tourlaville. Face à lui, les positions fortifiées établies à l'ouest de Digosville constituent encore un dur obstacle. Il attaque à l'ouest de Digosville et dépasse le point d'appui en le contournant par la gauche. Il fait de nombreux prisonniers mais il subit les tirs de l'artillerie et perd son nouveau chef, le lieutenant-colonel Merril. Sur la droite, l'attaque du *2/22d* est mal coordonnée. Les fantassins progressent dans l'épais bocage. Soudain, à 200 mètres des positions adverses, les Allemands ouvrent le feu. Quatre tanks du *70th Tank Battalion* viennent les appuyer. Ils ouvrent le feu, passent la ligne allemande qui continue de faire feu sur les fantassins malgré cette percée ! Après les chars, c'est l'aviation qui entre dans la danse ; douze P-47 viennent écraser les positions allemandes. Les tanks et les GI's achèvent alors le travail en un combat qui sera bref. Quelques Allemands se replient mais cent cinquante prisonniers restent aux mains des GI's. **Disgoville** est enfin pris.

Sur la gauche, le *2/12th*, qui est engagé à son tour, s'empare de la position bétonnée de l'**ouvrage Saint-Gabriel** (dont un bunker à deux niveaux) et fait trois cents prisonniers. Le soir, le régiment du colonel Luckett est arrivé sur les hauteurs qui dominent Tourlaville. Cherbourg est maintenant bien visible, cité offerte aux coups directs de l'artillerie. Le *Maj. Gen.* Barton veut profiter de cet avantage et il relance l'attaque malgré la nuit qui vient. Georges Prével, un FFI, prend contact avec les Américains et se propose de les guider dans **Tourlaville**. Le *3/12th*, qui était resté en réserve sur la cote 140, est lancé sur la localité avec l'appui de quelques Tanks-Destroyers. Le bataillon ne rencontre aucune résistance et parvient sur la place centrale de Tourlaville. Au milieu de la nuit, le colonel Luckett organise la défense autour de la localité. A deux heures du matin, on entend le grondement des Tank-Destroyers qui décrochent. Il peut être satisfait de la tâche accomplie, son régiment a fait aujourd'hui huit cents prisonniers. Mais il veut exploiter, son succès à fond et, en pleine nuit, il ordonne au *2/22d* de progresser, depuis Digosville, en direction de la mer.

Sur l'aile gauche de la *4th Infantry Division*, le colonel Van Fleet va attaquer et prendre l'un des derniers points d'appui se trouvant à l'est de La Glacerie. Il y a là une forte position qui enjambe un carrefour. C'est le 2ᵉ bataillon du *8th Infantry Regiment* qui va attaquer. Il est appuyé sur sa gauche par le *1/8th*. Là encore, l'aviation va attaquer la position allemande ; douze P-47 la bombardent avec succès.

Cette photo aérienne de Cherbourg et de sa rade, prise depuis le sud-ouest, nous montre au premier plan la route venant des Pieux et menant à Octeville, localité dominant Cherbourg où le *Major General* Eddy établira le PC de sa division. Dans le fond, on aperçoit l'Arsenal puis la rade. (Heimdal.)

L'avion nous présente maintenant la ville depuis l'ouest, avec son arsenal et l'immense rade. (Heimdal.)

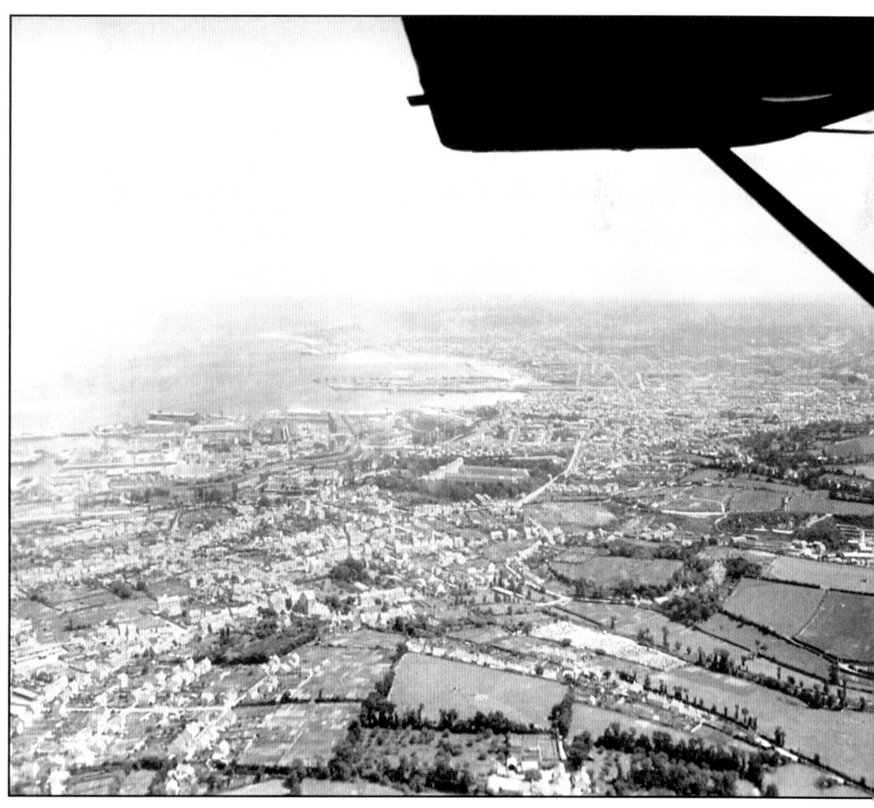

Sur quatre-vingts bombes de 500 livres larguées, vingt-trois tombent sur l'objectif ! Puis l'artillerie prend la relève... Le bataillon se met alors en marche, précédé par un barrage de feu, artillerie et mortiers. Il avance sur un front de deux compagnies. Mais, malgré la précision du bombardement, les positions allemandes n'ont pas été anéanties et les hommes de ces deux compagnies subissent à leur tour le feu de l'artillerie. Elles doivent se replier, la compagnie E ne compte plus que quarante hommes, c'est elle qui a subi les plus grosses pertes ! Il faut maintenant attendre pendant deux heures que des tanks viennent appuyer une nouvelle attaque. La position est contournée par la droite. Les Allemands se replient dans la précipitation en abandonnant leurs pièces qu'ils n'ont pas eu le temps de saboter. Les Américains font une centaine de prisonniers, cependant une poche allemande tiendra encore soixante-douze heures dans ce secteur, immobilisant plusieurs compagnies. Mais les pertes ont été lourdes pour le *8th Infantry Regiment* du colonel Van Fleet, il compte aujourd'hui trente-sept tués dont le chef du 1er bataillon, le lieutenant-colonel Simmons. Ce régiment sera relevé demain, il quittera la ligne de front. Le 3e bataillon aura, par contre, atteint le « Haut-des-Bois » sans beaucoup d'opposition.

Au centre, la ***79th Infantry Division*** va continuer sa progression vers le Fort du Roule. Sur la droite, le *313th Infantry Regiment* oblique un peu vers l'est pour réduire les points d'appui qui se trouvent à l'ouest de La Glacerie et vers le Hameau Gringor. le régiment va mener un combat incessant mais il arrivera au **Hameau Gringor**, à la limite de Tourlaville, et il aura fait deux cent cinquante prisonniers.

A gauche, du *313th*, vers 8 heures, douze P-47 bombardent les points d'appui de la Mare aux Canards. Le colonel Robinson envoie alors son *314th Infantry Regiment* à l'assaut. A dix heures, les 2e et 3e bataillons progressent de neuf cents mètres. Ils dominent maintenant le Fort du Roule mais ils sont pris à partie par l'artillerie allemande qui tire depuis Octeville. Les deux bataillons se rejoignent à la hauteur de la station de TSF des **Rouges Terres**.

Poste de direction de tir de la batterie des Couplets *(8./HKAR 1261)* équipée de quatre pièces de 155 mm. (Heimdal.)

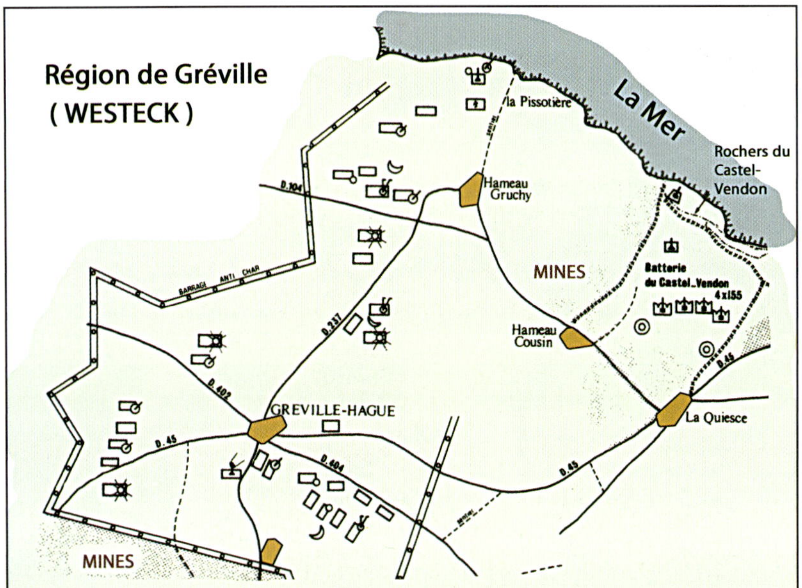

Ci-dessus : le réduit de *Westeck* (le « coin de l'ouest ») est tourné vers l'ouest, vers la Hague, alors que les Américains l'attaqueront par l'arrière, venant de Cherbourg. On reconnaît ici la batterie du Castel Vendon dominant la mer, de nombreux abris pour personnel, certains avec encuvements (tobrouks) pour mitrailleuse ou mortiers, trois postes d'observation, un bunker pour projecteur à proximité de Gréville. (Heimdal.)

Ci-contre : plan et coupes d'un des abris en béton pour personnel, près de Gréville. (Heimdal.)

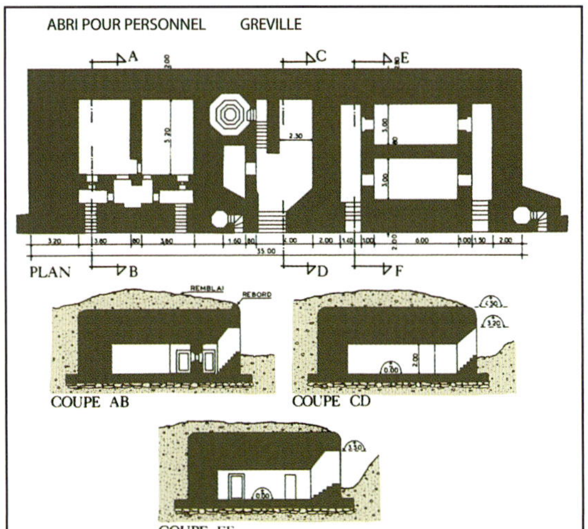

A l'ouest, dans le secteur de La Hague, la ***9th Infantry Division*** a pour mission d'enlever les derniers points d'appui et d'atteindre Cherbourg. Le *47th IR* et le *39th IR* vont participer à l'attaque, le *60th IR* restera en protection sur le flanc gauche, face à la *KG Müller* qui boucle la Hague. Les secteurs de Martinvast et Hardinvast, encore tenus par les Allemands, seront évités. Le *47th Infantry Regiment* va progresser à gauche (à l'ouest) et le *39th Infantry Regiment* à droite (à l'est).

Le *47th* doit enlever trois points d'appui. Le 2e et 3e bataillon du régiment traversent **Nouainville**. L'attaque a commencé à 8 heures et les deux premiers « *W* » sont pris en début d'après-midi. Mais, devant le troisième point de résistance, les deux régiments sont bloqués. Ils se trouvent devant la pente qui mène à Octeville. L'artillerie intervient, mais sans succès. Dans la soirée, la compagnie E du *2/39th IR* enlève la position. Le *39th Infantry Regiment* est enfin aux pieds d'Octeville. Sur la gauche, le *2/47th* a emporté le **Fort du Tot** et attaque par l'arrière la **Redoute des Couplets**.

Pour Günther **Keil**, cette journée est le point fort des combats. Il apprend que les secteurs tenus par les colonels Köhn et Rohrbach ont été percés. Dans son secteur, le *MG-Bataillon 17* a subi le choc le plus violent. La 9e compagnie a été repoussée et les Américains sont parvenus jusqu'à l'état-major du bataillon. Les restes du bataillon et la *10./919* sont repoussés sur Cherbourg face à l'assaut du *39th Infantry Regiment*. La *10./919* est engagée près d'Octeville. Le commandant de compagnie se replie sur Cherbourg. Dans cette situation, le général von Schlieben considère qu'il est insensé de ramener dans la ville les deux autres bataillons de la *KG Keil*. Dans le courant de l'après-midi, il donne l'ordre à Keil de se replier sur la presqu'île de la Hague. Keil devra s'y retrancher et prendra sous son commandement la *KG Müller* qui n'a pas encore subi le choc des troupes américaines dans les combats pour Cherbourg. Keil propose à von Schlieben que le décrochage se fasse dans la nuit du 24 au 25 alors que les Américains sont focalisés sur Cherbourg et que l'essentiel du front de Keil, à l'exception de son aile gauche, est encore intact. Von Schlieben accepte.

Keil réussit à établir un front décisif à la hauteur de la Traisnetterie, devant **Tonneville**. Cette nouvelle ligne de front rejoint là la cote 179 (178). A la tombée de la nuit, l'aile gauche de Keil est repoussée sur Hainneville. Cette **cote 179**, qui a déjà coûté beaucoup de sang, sera maintenant la pierre angulaire du nouveau front tenu par Keil. A 23 heures, le décrochage se fait sans problème, à l'insu des Américains. Keil se rend alors dans le camp retranché de *Westeck*. Il s'installe à **Gréville** d'où il dirige la mise en place de ses unités.

Ce soir, les trois divisions américaines tiennent maintenant Cherbourg dans un étau. La *4th ID* du *Maj. Gen.* Barton observe la cité depuis Tourlaville. La *79th ID* du *Maj. Gen.* Wyche est à proximité du Fort du Roule. La *9th ID* du *Maj. Gen.* Eddy est au pied d'Octeville où se trouve le PC souterrain du général von Schlieben. Pour ce dernier, la situation est désespérée.

Dimanche 25 juin

La nuit est dramatique pour le général von Schlieben. Il sait qu'il ne tiendra plus longtemps, les Américains peuvent déboucher en ville dans quelques heures. Un millier d'hommes s'entassent dans les galeries souterraines de son PC. Il y a là des blessés et des hommes démoralisés, des hommes qui ont subi les bombes au napalm, les tirs incessants de l'artillerie. Beaucoup sont abasourdis, en état de choc. Von Schlieben regarde encore une fois le plan de la *Festung Cherbourg*. Partout, des flèches s'enfoncent au milieu des défenses allemandes, montrant la pénétration des trois divisions américaines qui s'approchent maintenant du centre de la ville. Au centre et au sud de la presqu'île, l'altitude est basse :

Front le 25.06

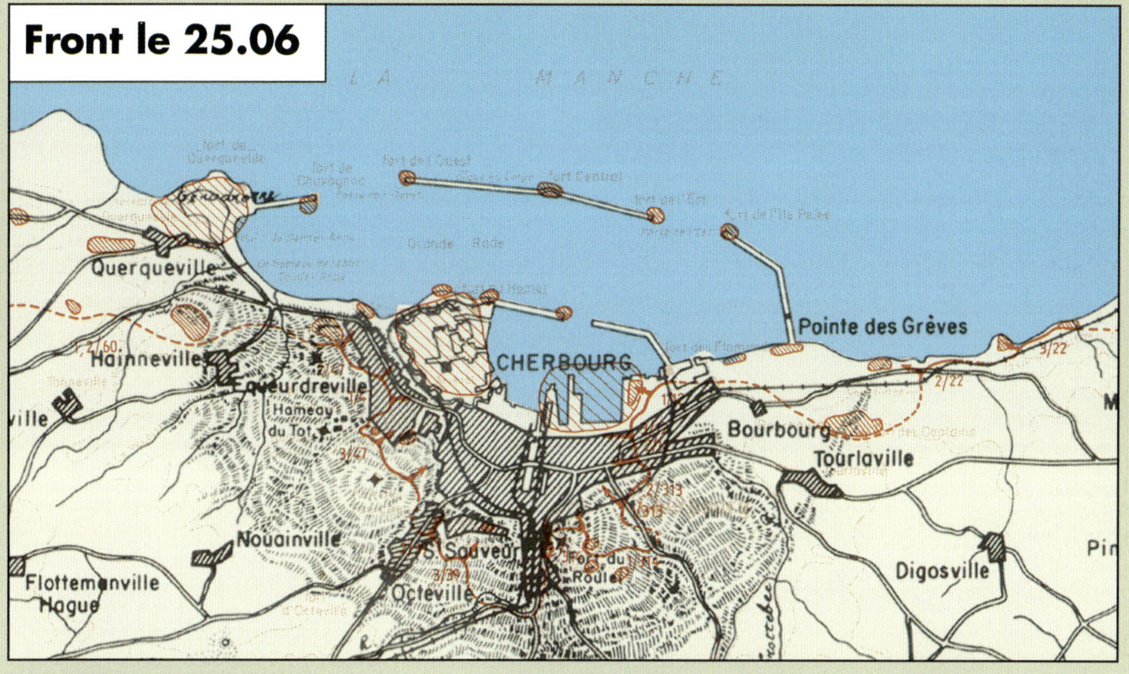

Le 25, le *314th Regiment* est sur le Fort du Roule, le *12th Regiment* est dans Tourlaville. En fin de journée, celui-ci est établi sur la rive orientale de la Divette. (Heimdal.)

Magnifique vue aérienne prise par l'aviation US peu avant la bataille finale. La masse de l'Arsenal constitue une véritable cité fortifiée au nord-est de la ville. (Coll. Heimdal.)

une trentaine de mètres environ. Puis, le massif rocheux apparaît, il s'élève vers le nord, vers Cherbourg, vers la mer. Ce socle rocheux, entaillé de vallées profondes a permis d'implanter les défenses de la *Festung*. Mais, en arrivant sur Cherbourg, ce massif grimpe jusqu'à plus de cent mètres avec des sommets de plus de 170 mètres (cote 179 près de Flottemanville-Hague, cote 171 au Bois du Mont du Roc,

Ce plan de feu, tel qu'il était avant la bataille finale – les batteries du Val de Saire, à l'est, ayant été abandonnées lors du repli – montre la portée des batteries d'Auderville, York, Brommy, Hamburg. (Heimdal.)

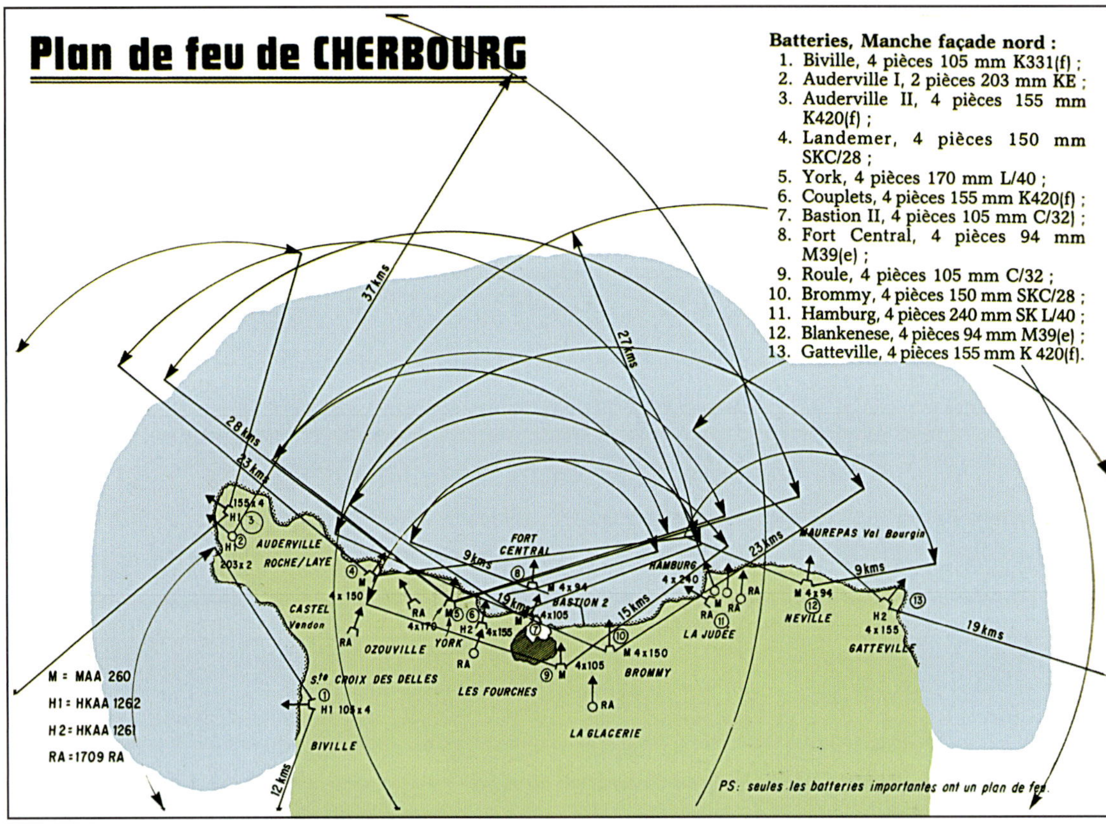

Ci-contre : plan et coupes d'une casemate de la batterie Brommy. (Heimdal.)

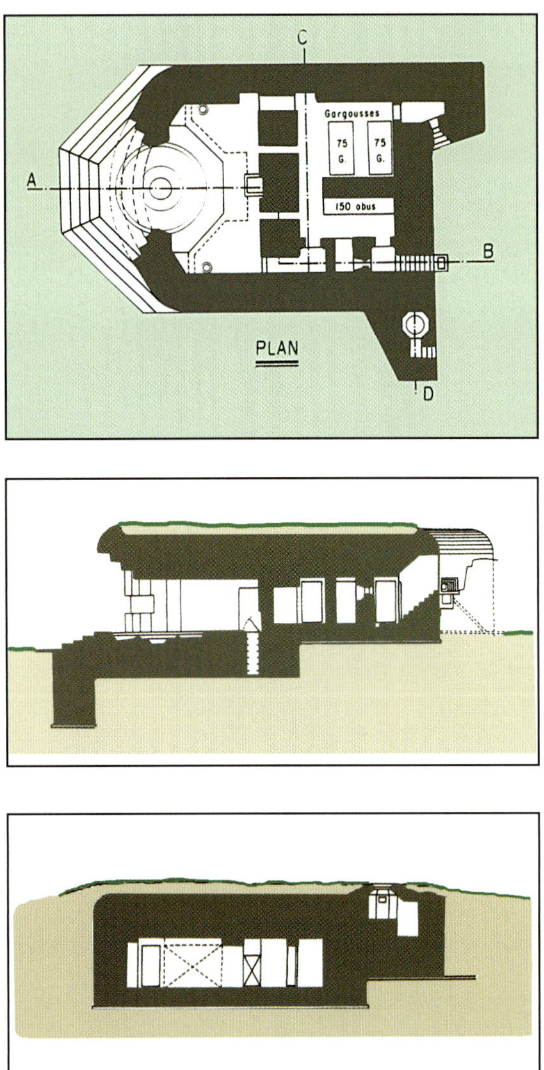

cote 178 (177) près de Ruffosses). Arrivé là, on domine la cité portuaire depuis les Rouges Terres ou Octeville. La cité est installée au pied d'un grand cirque rocheux, il faut alors plonger d'une centaine de mètres pour descendre en ville. Qui tient les hauteurs, tient tout. Au milieu de ce cirque rocheux avance une croupe étroite terminée par une falaise rocheuse haute de 104 mètres. C'est là que bâti le Fort du Roule, il contrôle tout. Mais il contrôle surtout le front de mer avec ses casemates incrustées dans la falaise, armées de quatre pièces de 105 mm ! Cherbourg est une forteresse tournée vers la mer… Les Américains ont maintenant à portée de leurs mains les deux observatoires qui dominent la ville : Octeville et Le Roule. Par ailleurs, ils sont à Tourlaville, là où une petite plaine côtière mène, plein ouest, vers le centre ville. Von Schlieben se doute que les Américains vont employer les grands moyens, aujourd'hui, pour emporter les deux derniers obstacles et obtenir la reddition de la cité.

A 7 heures du matin, un officier médecin allemand, adjoint du médecin-chef de l'hôpital maritime, est accompagné d'un officier pilote américain. Tous deux traversent les lignes de la *9th ID*, vers Octeville, pour demander que l'hôpital ne soit pas bombardé et pour obtenir du plasma et une offre de reddition immédiate qui dit : « *La forteresse de Cherbourg est actuellement encerclée et les défenses sont percées. La ville est isolée. Vous êtes inférieurs en nombre et la prise de Cherbourg n'est plus qu'une question de temps. Nous exigeons la reddition immédiate et sans conditions de la ville* ». Au même moment, le chef de la ***4th ID***, le *Maj. Gen.* Barton, attaque depuis l'est, depuis Tourlaville. Le *12th Infantry Regiment* avance vers la côte. Le bourg de Tourlaville est installé dans une vallée bordée au nord par un plateau qui domine la mer. Sur ce plateau, la batterie des **Caplains** *(Brommy)* est armée de quatre pièces de 150 mm SKC/28. Dans quelques heures, la flotte alliée va intervenir contre Cherbourg et il est judicieux de réduire cette batterie sous casemates au silence. L'aviation intervient tout d'abord pour faci-

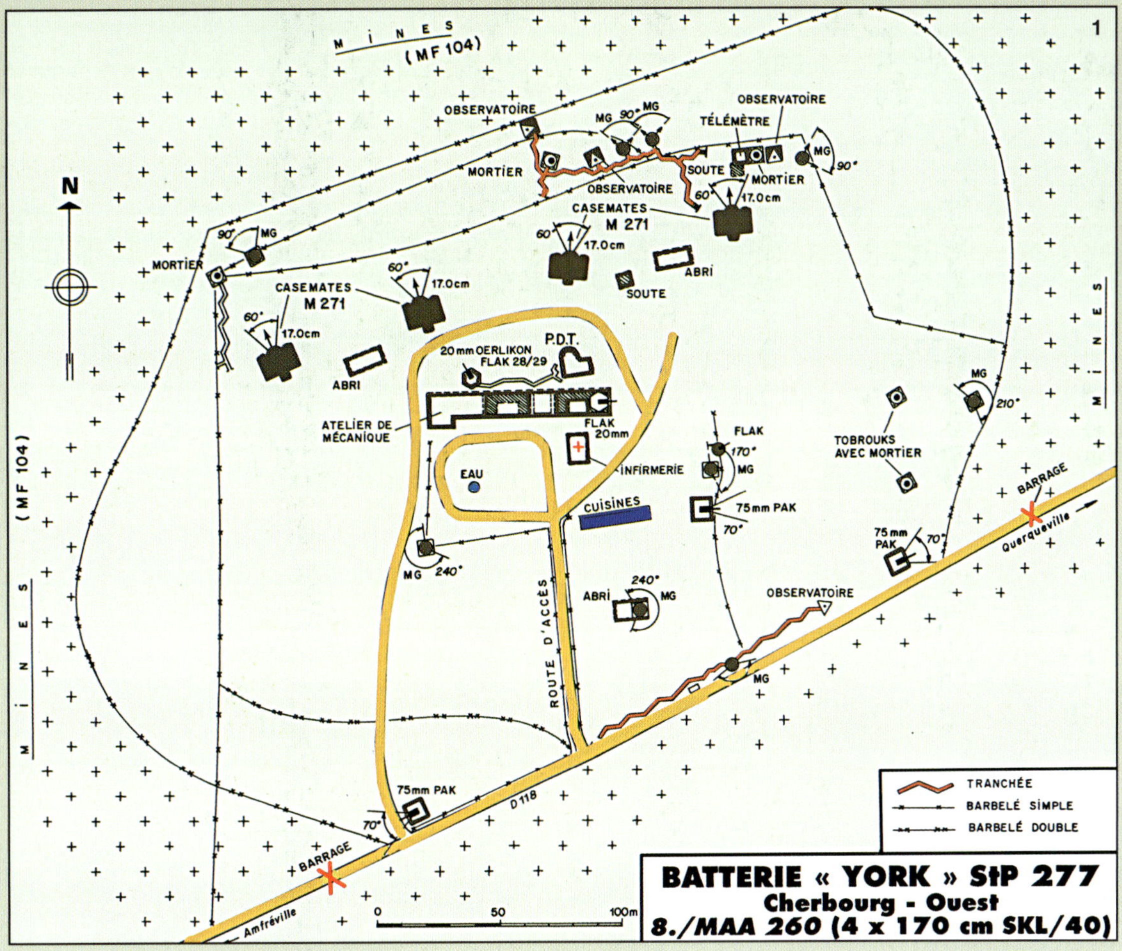

1. D'après un document américain daté de l'été 1944, ce plan d'ensemble de la batterie permet de situer les quatre casemates M270, qui subsistent, sur un site où la plupart des constructions ont désormais disparu. (Plan BP/Heimdal.)

2. Plan du poste de direction de tir à deux niveaux de la batterie *York*. (Heimdal.)

3. Le poste de direction de tir de la Batterie *York (8./MAA 260)*. A partir de ce PDT, seront dirigés les tirs des quatre pièces de 170 mm SKL/40 de la batterie contre la flotte alliée le 25 juin. (Heimdal.)

4. L'une des quatre casemates de la batterie *York* abritant une pièce de 170 mm. (Heimdal.)

5. Vue du site de la batterie *York*, à Amfreville, Cherbourg-Ouest. (Heimdal.)

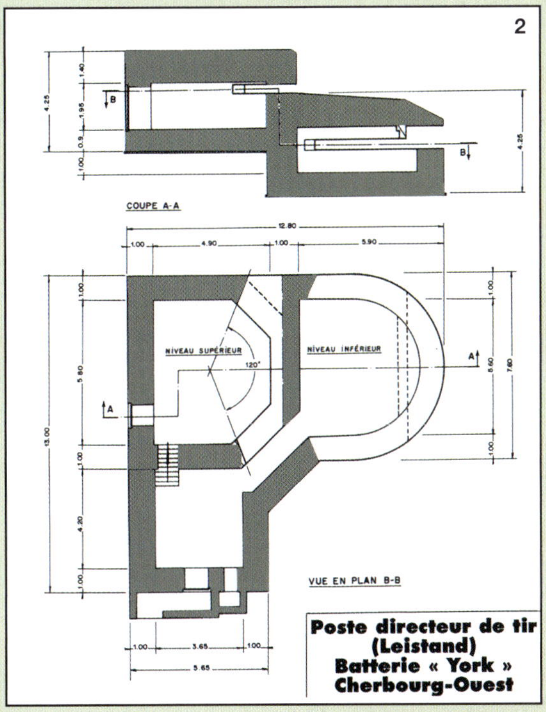

liter l'avance du régiment, mais les hommes du *1/12th* sont pris à partie par les pièces de Flak de 20 mm qui sont établies dans le fort. Là encore, les tanks sont appelés à la rescousse. Avant de suivre les combats du *12th Infantry Regiment* dans l'après-midi du 25, allons voir ce qui passe dans le secteur du **Fort du Roule**.

C'est là, face à ce fort, que va avoir lieu le combat essentiel de la journée. A 8 heures, une escadrille de P-47 bombarde le fort. Il fait beau, le bombardement est précis mais les canons sont intacts, en particulier, bien sûr, ceux qui sont installés dans la falaise. Par contre, vingt et un civils sont tués dans un abri de la rue Ludé. Sur ce secteur étroit, seul le *314th Infantry Regiment* participe à l'attaque et il ne progresse qu'avec ses 2e et 3e bataillons.

Ce matin, deux hommes du *314th Infantry Regiment* partent à l'assaut comme leurs autres camarades du régiment. Le caporal **John D. Kelly** appartient à la compagnie E du 2e bataillon. Le lieutenant **Carlos C. Ogden** appartient à la compagnie K du 3e bataillon. La compagnie de Kelly est l'une des deux compagnies de tête. Le *2/314th* mène l'attaque sous la protection du *3/314th*. En tête, progressent les compagnies E et F du 2e bataillon. Ces compagnies avancent au nord-ouest du plateau et subissent les tirs conjugués de l'artillerie venant d'Octeville et du fort. L'assaut se ralentit. Il y a maintenant quelques ultimes positions qu'il faut enlever pour s'approcher du fort. Quelques torpilles bengalores, des tubes de trois mètres de long bourrés de quinze kilos de TNT, sont utilisés pour éventrer le réseau de barbelés. La compagnie du caporal Kelly va participer à l'attaque. Sa section part escalader la pente mais des mitrailleuses ouvrent le feu depuis un bunker. Les camarades de Kelly sont cloués au sol. Kelly n'écoute que son courage ; il se porte volontaire et prend une torpille bengalore. Il se hisse progressivement jusqu'au pied du bunker, place sa torpille mais l'explosion ne donne rien. Il dévale la pente, prend une autre torpille et recommence. Cette fois, l'explosion frappe l'embrasure, les canons des mitrailleuses sont arrachés. Mais Kelly descend de nouveau pour aller chercher une autre torpille. Il va la placer à l'arrière du bunker, cette troisième explosion arrache la porte. Il balance des grenades à l'intérieur du bunker. Les Allemands se rendent. Le chemin est libre maintenant pour la compagnie E, mais Kelly a été gravement blessé. Il succombera de ses blessures en novembre 1944. Proposé pour la Médaille d'Honneur du Congrès, elle lui sera attribuée à titre posthume.

Sur la gauche du 2e bataillon qui mène l'assaut, le 3e bataillon élimine divers points d'appui, mais la compagnie K du *3/314th* est arrêtée par le tir d'un canon de 88 mm, appuyé par deux mitrailleuses qui dominent le fossé antichar. La compagnie K a déjà subi de lourdes pertes. Elle a tout d'abord été accrochée par une ligne de feu allemande installée sur le flanc du plateau. Son commandant de compagnie, le capitaine Oberman a été gravement blessé. Puis, c'est l'officier en second, le lieutenant Orton, qui est tombé. Le lieutenant Carlos C. Ogden a alors pris le commandement de la compagnie. Ses hommes sont maintenant aux prises avec ce fichu 88 ! Ogden prend une carabine M1 et un lance-grenades. Il escalade seul la pente. Il est blessé, mais il continue. Il a été atteint à la tête et aux jambes. Il tire alors avec une grenade à fusil sur le canon, qu'il détruit. Il l'a réduit au silence mais il est à nouveau blessé aux jambes. Que faire ? Ogden est maintenant prêt du but. Il continuera seul et éliminera les deux mitrailleuses à coups de grenades. Ogden est rejoint par ses hommes ; vainqueur, il se fait enfin soigner. Il recevra, lui aussi, la Médaille d'Honneur du Congrès. Elle lui sera remise le 2 avril 1945.

De son côté, le *313th Infantry Regiment* progresse sur la droite du *314th*, avec son 2e bataillon en tête, il descend du Hameau Gringor, dévale la pente et arrive vers Louguemare, au sud-est de Cherbourg et sous le flanc droit du Fort du Roule. Mais il est bloqué, sous la menace des canons du Roule.

Cependant, entre-temps, les Alliés ont aussi attaqué Cherbourg sur l'autre front. Vers dix heures du matin, une **escadre de navires de guerre** apparaît au large de Cherbourg. Il y a là des cuirassés, des croiseurs et des destroyers ; cette escadre est sous les ordres de l'amiral Morton L. Deyo, secondé par l'amiral Bryant. Au centre de la défense allemande se trouve le *Hafenkommandant* (le commandant du port), le *Fregattenkapitän* Witt. Il se trouve dans le Fort du Homet et observe les navires américains qui sont d'un modèle déjà ancien. Il remarque que certains d'entre eux sont du type *Gittermast.* Mais ces navires expédient salve sur salve, écrasant certaines positions allemandes.

Des coups au but frappent le fort des Flamands, des dépôts de munitions explosent, des incendies se déchaînent. Mais l'escadre, puissante, reste hors de portée de certaines pièces. Cependant, elle se rapproche du port et se déplace vers l'est. Witt pense qu'elle sera bientôt à portée de la batterie *Hamburg*. En effet, les batteries lourdes de *York (8./MAA 260* près d'Amfreville, au sud de Querqueville, quatre pièces de 170 mm) et surtout de *Hamburg* (dans le réduit d'*Osteck*, avec ses quatre puissantes pièces de 240 mm sous les ordres de l'*Oberleutnant zur See* Gelbhaar). La batterie *York* touche aussitôt le *Texas* puis un croiseur léger et un destroyer. *Hamburg* envoie des obus de 240 mm sur deux croiseurs de la classe Cumberland. L'amirauté américaine reconnaîtra que les unités suivantes ont été touchées par les batteries allemandes : *USS Texas, USS Brien, USS Bardon, USS Laffey* et *HMS Glasgow*. L'escadre alliée se replie alors vers midi pour être hors de portée des batteries allemandes. Mais ces batteries sont maintenant attaquées par des bombardiers Lightning qui attaquent en masse. Paul Carell affirme que quatre-vingt de ces avions auraient été alors abattus par un tir concentré de toutes les pièces de Flak.

Quant à la batterie des Caplains *(Brommy)* elle se serait tue, d'après le témoignage du *Fregattenkapitän* Witt. Comme nous l'avons vu, elle est assiégée par des hommes du *12th IR* parti de Tourlaville. La batterie sera prise à 16 heures. Le 3e bataillon s'empare de deux casemates côtières munies de pièces de 105 mm. Le régiment arrive maintenant à la lisière orientale de Cherbourg.

Au **Fort du Roule**, l'action du lieutenant Ogden a permis d'enlever les derniers obstacles, et le fort est finalement **pris vers 22 heures**. Mais les Américains ne tiennent que la partie supérieure. L'*Oberleutnant zur See* Rose est encore à la tête de sa batterie de 105 mm, intacte dans les flancs de la montagne du Roule. L'étage inférieur du fort est encore aux mains des Allemands. Cependant, les Américains dominent la cité depuis l'étage supérieur.

Sur l'aile gauche, la ***9th Infantry Division*** progresse faiblement aujourd'hui, avec son *39th IR* dont le 2e bataillon est bloqué par des canons de 20 mm près d'Octeville. Par contre, le *47th IR* entre dans Equeurdreville. Dès le matin, il doit affronter le fort qui est entouré par un fossé. L'aviation bombarde la position à 9 h 30. A 10 h 45, c'est l'artillerie qui prend le relais. Puis les Tank-Destroyers ouvrent le chemin et la progression se fait derrière un barrage roulant d'obus de mortiers.

Derrière cet incroyable matraquage, l'infanterie n'a aucun mal à entrer dans le fort et à faire quatre-vingts

1. Vue aérienne d'une des quatre pièces de 240 mm SKL/40 de la batterie *Hamburg*. La casemate n'est pas terminée. L'un des murs en béton a été entaillé pour donner un plus grand débattement à la pièce vers l'ouest. Elle intervient d'ailleurs avec succès le 25 juin contre la flotte alliée. (NA/Heimdal.)

2. Plan et coupe d'une casemate de la batterie *Hamburg*. (Heimdal.)

3. Une des quatre pièces de 24 cm SKL/40 in DrhLC/98, en 1946, la pièce est encore en position. (SHM.)

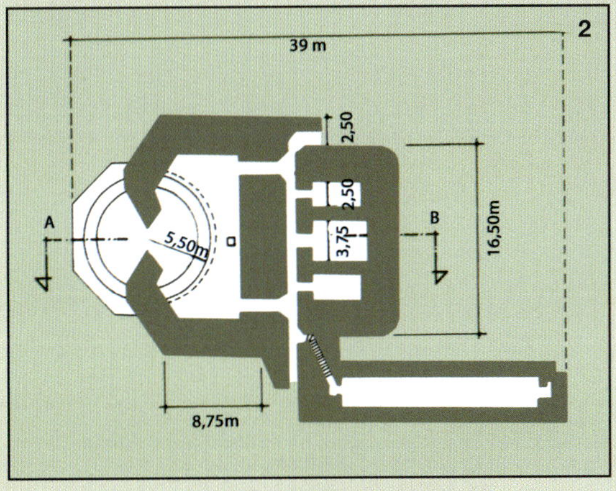

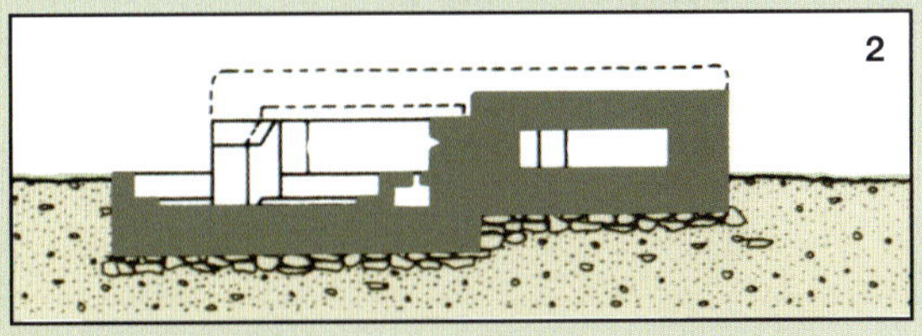

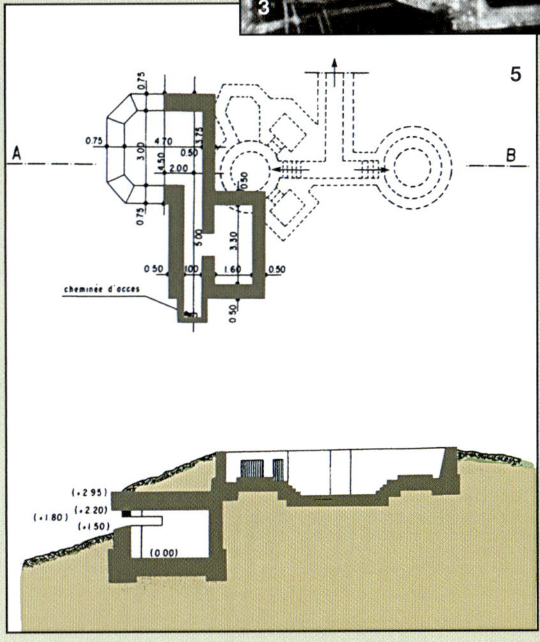

4. La même casemate et sa pièce avec un peu plus de recul, les bétonnières sont encore là.

5. Plan et coupe du Poste de Direction de Tir de la batterie. (Heimdal.)

6. Photo de ce PDT type M178 de la batterie ; on distingue le télémètre qui se trouvait dans la cuve ainsi qu'un 5 cm KwK, sur cette photo prise en 1946. (SHM.)

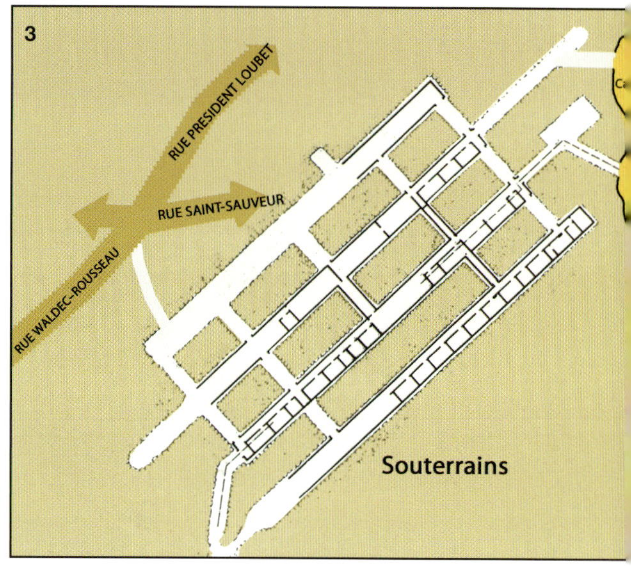

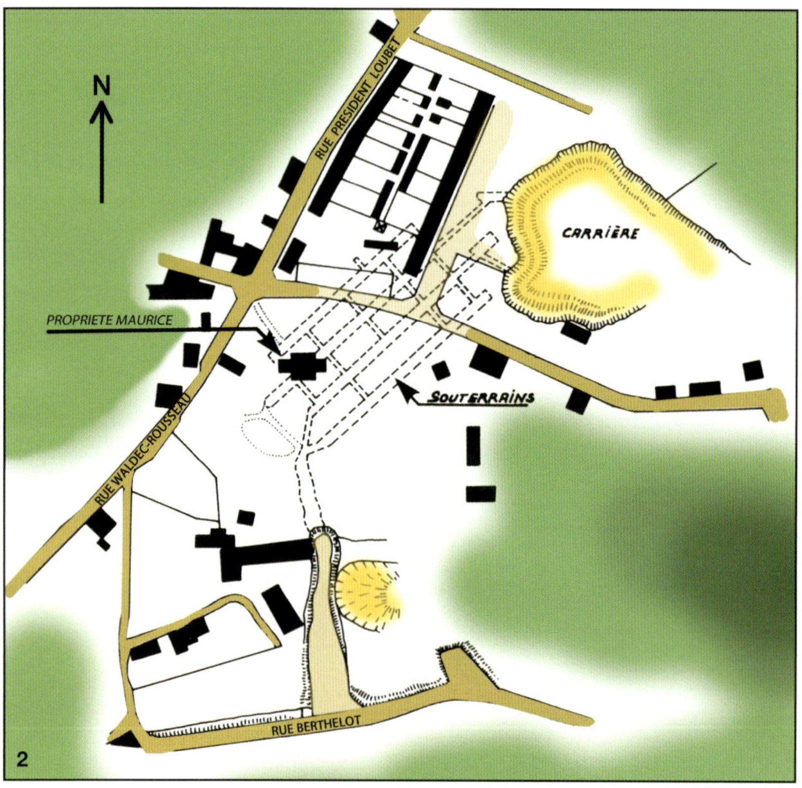

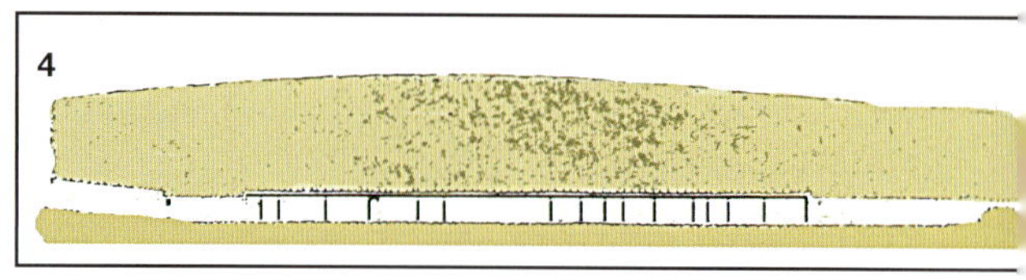

1. Conférence d'état-major dans un bunker avant la chute de Cherbourg. De gauche à droite : le *Konteradmiral* Hennecke, le *Generalleutnant* von Schlieben et le *Generalmajor* Sattler. (BA.)

2. Plan général d'implantation du grand PC souterrain du général von Schlieben. (Heimdal.)

3. Plan détaillé du PC souterrain du général von Schlieben effectué en 1980 par R. Grenneville. (Heimdal.)

4. Coupe de l'abri du PC souterrain. (Heimdal.)

5. L'entrée du PC souterrain par laquelle est sorti le général von Schlieben le 26 juin 1944, photo prise en 1983. (R. Grenneville/Heimdal.)

prisonniers. **Equeurdreville** est pris. Le *3/47th* a pris la Redoute des Fourches.

Ainsi, les Américains de la *9th Infantry Division* se sont approchés du **PC souterrain** du général von Schlieben où la situation est encore plus dramatique. Dans son livre, Paul Carell, rapporte le propos suivant du lieutenant Blume, officier d'ordonnance de l'amiral Hennecke : « *La colline sous laquelle se trouve notre abri est encerclée elle aussi. Les Américains* *sont en train de faire sauter l'entrée sud et ils exécutent des forages en ce moment au-dessus de nous. Ils ont déjà lancé des charges d'explosifs par les cheminées d'aération. Elles n'ont pas fait grand mal, mais, comme la ventilation ne fonctionne plus, les gaz de la déflagration qui s'accumulent, empuantiront vite l'atmosphère ».*

Revenons vers l'est de la ville, dans le secteur de la progression de la ***4th ID*** du *Maj. Gen.* Barton. Le *12th Infantry Regiment* approche du centre de Cherbourg. Le *3/12th* descend la rue Carnot et le boulevard maritime. La compagnie K arrive dans la rue Jules-Ferry et subit là un violent tir d'artillerie. Quant au 1er bataillon, il est engagé devant le Fort des Flamands. L'artillerie bombarde la position. A 23 h 23, un dépôt de munitions explose dans le fort, illuminant la nuit. A 23 h 40, le barrage d'artillerie final commence. Cependant, l'infanterie américaine est bloquée par des tirs venant de bunkers. Les Allemands se défendent avec acharnement, envoyant des fusées éclairantes pour ouvrir le feu sur les Américains qui tentent de progresser. Les GI's doivent se replier sous le tir des mitrailleuses. Nuit d'apocalypse : les Allemands détruisent les installations du port des Flamands, les usines Amiot, la gare maritime. A **5 h 30** du matin, des tanks apparaissent devant le fort et les Allemands se rendent enfin. Cette nuit, la *4th Infantry Division* a atteint tous ses objectifs : elle a atteint la rue de la Bretonnière, limite de son secteur. **Les Américains sont établis en ville, sur la rive orientale de la Divette.**

Le général von Schlieben a encore gagné une journée. Mais les Américains sont déjà dans Cherbourg et ils s'attaquent à son PC. Il sait maintenant que la reddition est proche.

1944 / Folge 28

ILLUSTRIERTER BEOBACHTER

Am Seebahnhof Cherbourg.

Die riesigen Kräne, früher Wahrzeichen Cherbourgs, werden gesprengt.

6

7

8

6. Photo des destructions opérées par les Allemands sur la gare maritime avant leur reddition. Parvenue en Allemagne avant celle-ci (par des moyens techniques qui expliquent sa médiocre qualité), elle sera publiée dans l'*Illustrierter Beobachter*. (Coll. Heimdal.)

7. Chambre de tir pour 4,7 cm Pak (t) Skoda équipant une casemate de la batterie *(3./MAA 260)* de la gare maritime à Cherbourg. (Heimdal.)

8. Lee Mc Cardell, photographe du *Baltimore Sun,* a suivi sur le champ de bataille ses compatriotes recrutés dans le Maryland. C'est ainsi que cette photo est intitulée « les infirmières du Maryland en Normandie ». Elle nous montre le lieutenant Alice (Fuzzy) Beecher, 6607 Strathmore Avenue, Chery Chase dans le Maryland, allant remplir son broc à la vache à eau pour donner de l'eau à ses patients soignés dans l'hôpital de campagne auquel elle est attachée. Le lieutenant Beecher a été diplômée en 1942 de la *Graduate of John Hopkins School* pour infirmières. La photo a probablement été prise vers le 24 ou 25 juin, débloquée le 30 par la censure. (© *Baltimore Sun* - coll. Heimdal.)

Ci-contre : deux autres infirmières, elles aussi lieutenants photographiées le même jour par Lee Mc Cardell. (© *Baltimore Sun* - coll. Heimdal.)

Bunkers

Le **24 juin** 1944, la *79th Infantry Division* a emporté les derniers points d'appui sur la route de Cherbourg. Pour atteindre le Fort du Roule, les fantassins de la *79th Infantry Division* (en particulier ceux du *313th Infantry Regiment* et ceux du *314th Infantry Regiment*) ont dû prendre d'assaut, avec l'aide de l'aviation, les points d'appui bétonnés des « Chèvres » et de la « Mare aux Canards ». Ils font ici sauter la porte d'un bunker pour nettoyer les positions. Un *GI* examine le cadavre d'un caporal allemand. Plus loin, d'autres *GI's* occupent des encuvements allemands. Sur la dernière photo, une chenillette tirant une remorque passe à côté d'une pancarte indiquant *Umgehungs-Strasse Cherbourg Ost*, « déviation Cherbourg Est ». (D.F. et A.P./Heimdal.)

1

Les derniers combats pour prendre Cherbourg sont particulièrement durs. Le *8th Infantry Regiment* du colonel Van Fleet (un régiment de la *4th Infantry Division*) a subi de telles pertes qu'il a été détaché de la division et envoyé au repos.

1. On voit ici un fantassin américain en train de creuser un trou individuel devant Cherbourg. Les mortiers allemands étaient particulièrement efficaces et une telle précaution n'était pas superflue. La fatigue et le découragement se lisent sur le visage de ce GI. Ses camarades sont répartis aux alentours. (USIS/Heimdal.)

2. Mais si les mortiers et les canons allemands sont alors redoutables, l'artillerie américaine l'est encore plus car elle peut aligner un nombre de tubes bien plus important. Cette photo a été prise le **25 juin** 1944 au sud de Cherbourg, près de la Pierre Butée (secteur de la *9th Infantry Division*). Des officiers des trois divisions, des observateurs d'artillerie, sont là pour régler le tir des régiments d'artillerie de leurs divisions respectives, mais aussi pour régler celui de la marine alliée qui ouvre le feu sur les positions allemandes de Cherbourg en ce 25 juin. (Heimdal.)

3 et **4.** Ces deux photos, prises par les correspondants de guerre Petrony et Collier, nous montrent des obusiers US de 155 millimètres en action. Le coup vient de partir et ils sont en plein recul. De nombreux coups ont déjà été tirés. Ils sont placés sous des filets de camouflage et l'un d'eux est sous un arbre. (DAVA - 6054 et 6055/Heimdal.)

2

3

4

Le Fort du Roule, les 25 et 26 juin 1944

Le 25 juin, le *314th Infantry Regiment* de la *79th ID* s'empare du plateau menant au Fort du Roule puis de la partie supérieure du fort, grâce surtout aux actions héroïques du caporal John D. Kelly et du lieutenant Carlos C. Ogden. La partie inférieure du fort (essentiellement la batterie souterraine tournée vers la rade) sera prise le lendemain. Ces trois photos aériennes du fort ont été prises le 8 juillet par le correspondant de guerre Zwick et montrent bien le site et ses défenses. (ETO-HQ-44-7120/24/27)

1. Cette photo a été prise depuis le sud, en survolant le plateau aboutissant au fort. Sur ce dernier, on aperçoit trois encuvements bétonnés pour pièces de Flak et, sur la gauche, le bassin du port et la gare.

2

3

2. Cette photo est prise depuis le sud-ouest, avec un peu plus de recul. On aperçoit le flanc occidental du plateau ravagé par les bombes puis, un peu plus loin, la partie de Tourlaville jouxtant le centre de Cherbourg et, encore plus loin, les deux jetées successives de la petite rade et de la grande rade. Le fort des Flamands est visible au départ de la première jetée.

3. Cette dernière photo est prise depuis le nord-est. On distingue dans cette falaise deux des quatre casemates (les autres sont sur la face non visible) et le poste de direction de tir. On distingue, à l'arrière, le plateau menant au fort.

4. Au pied du fort du Roule, actuellement. (E.G./Heimdal.)

5. Plan de la batterie souterraine creusée dans la Montagne du Roule avec son poste de direction de tir **(3)** au centre et les quatre embrasures pour les pièces.

(Photos DAVA/Heimdal - plan Heimdal.)

4

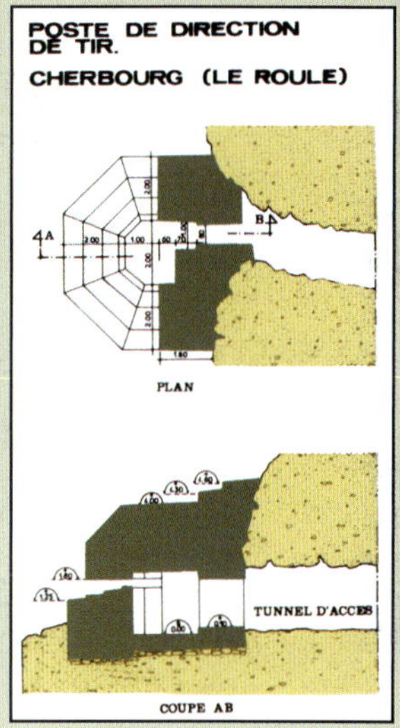

5

3

La bataille finale de Cherbourg à la Hague 25 juin au 1er juillet

Le *Major General* Manton S. Eddy fait avancer son *39th IR* dans Octeville le 26 juin. (US Army.)

Lundi 26 juin

Cherbourg est maintenant pris dans un étau inexorable, les mâchoires sont constituées par Tourlaville, la Montagne du Roule, les sommets d'Octeville et le Fort des Fourches. Le *47th Infantry Regiment* du colonel G.W. Smythe s'y trouve (il appartient à la *9th ID* du *Maj. Gen.* Eddy). Ce régiment descend depuis le fort et est arrêté à la hauteur de la rue de La Polle. Le secteur est miné et des pièces d'artillerie allemande, en position sur le stade municipal, arrosent le secteur. Il est **10 heures.**

Sur la droite, la *79th Infantry Division*, qui a enlevé la partie supérieure du Fort du Roule, va progresser vers la côte avec le *313th Infantry Regiment* sur la droite (à l'est) et le *314th Infantry Regiment* à gauche (à l'ouest). Ces deux régiments vont avancer au pied de la Montagne du Roule. Le *315th* avancera encore plus à droite, pour progresser à l'ouest de la Divette. Mais le tunnel ferroviaire de la vallée du Quincampoix a été détruit et il continuera sa progression en remontant sur Octeville. Les GI's du *313th* vont progresser en file dans la rue du Val de Saire. Ils détruisent une pièce légère à l'angle de la rue d'Inkermann.

Sur les **hauts d'Octeville**, le *Maj. Gen.* Eddy a installé son PC de combat près de l'église. A quelques centaines de mètres de là, sous terre, la vie devient de plus en plus précaire dans le PC du général von Schlieben. Dans les couloirs bondés, les blessés sont nombreux et « *ils meurent comme des mouches* ». Dans *Ils arrivent !*, Paul Carell nous transmet le dialogue suivant entre le lieutenant Blume, officier d'ordonnance de l'amiral Hennecke, et un sergent-infirmier. Blume demande au sergent : « *Pourquoi les hommes meurent-ils à ce rythme ?* Le sergent lui répond : « *Parce que nous n'avons plus de ventilation. Les blessés sont lentement asphyxiés. Ils meurent de cette atmosphère dans laquelle l'oxygène est trop raréfié, de ces gaz délétères qui ont pénétré jusque dans les alvéoles de l'hôpital et qui proviennent des déflagrations dans les cheminées d'aération* ». Blume rapporte ces propos à l'amiral. Une discussion a alors lieu entre l'amiral Hennecke et le général von Schlieben. Ce dernier réalise combien est tragique le sort de cet hôpital souterrain. Etant donné la proximité des troupes américaines, il sait que la reddition à venir permettra de sauver tous ces morts en sursis.

Le *Maj. Gen.* Eddy fait avancer deux de ses régiments, le *39th IR* et le *47th IR*. Ils vont combattre dans la moitié ouest de Cherbourg qui est encore solidement défendue. Le *39th Infantry Regiment* avance dans Octeville. Le PC du général von Schlieben se trouve à proximité. La marche vers l'objectif sera difficile, les fantassins du *39th IR* progressent sous les tirs tendus de s pièces de Flak de 88 mm et sous les vagues hurlantes des fusées de *Nebelwerfer*. Ils arrivent enfin devant l'entrée du tunnel. Ils ouvrent tout d'abord le feu sur cette entrée, sans succès. Puis un homme apparaît, tenant un drapeau blanc, il est rapidement suivi par la haute stature du général von Schlieben, casqué et en manteau. L'amiral Hennecke, en manteau et casquette, le suit. Il est **14 heures.** Avec eux, les Américains font huit cents prisonniers, dont de nombreux blessés. Les deux officiers généraux sont conduits par les hauteurs d'Octeville, près de l'église où le *Maj. Gen.* Eddy les attend. Le chef de la *9th ID* exige la reddition générale, mais von Schlieben veut encore gagner du temps. Il a fait sortir ses blessés des souterrains enfumés, il espère maintenant que certains points d'appui vont encore retarder la victoire américaine. Il pense à l'*Oberstleutnant* Keil, au *Fregattenkapitän* Witt, au *Major* Küppers, ces officiers peuvent être encore des épines gênantes dans les flancs du corps d'armée américain. Ainsi, von Schlieben rétorque qu'il n'est plus en liaison avec la plupart de ses unités. Plus tard, le *Maj. Gen.* Collins lui proposera ses propres moyens radios. Von Schlieben refusera. D'autres combats vont encore avoir lieu dans la ville jusque dans la soirée. Cette reddition ne touche que huit cents hommes et la personne de deux officiers généraux. Cependant, elle aura une action certaine sur la chute du moral des troupes encore engagées. Le général von Schlieben et l'amiral Hennecke seront ensuite conduits au PC du *Maj. Gen.* Collins, installé dans le château de Servigny à Yvetot-Bocage, près de Valognes. Ils seront reçus par le *Maj. Gen.* Collins dans un salon du premier étage, et c'est là qu'ils signeront la reddition de la *Festung*.

Pendant ce temps, au centre, la *79th Infantry Division* continue de faire avancer le *313th IR* et le *314th IR*. Dans l'après-midi, les deux régiments sont sous le feu des pièces de 105 mm de la batterie du Fort du Roule. Mais le 2e bataillon du *314th* est resté sur le sommet du fort. Il a une difficile mission : détruire cette batterie. Des charges explosives sont glissées par les conduits de ventilation. Par ailleurs, des charges de TNT sont descendues au bout de filins le long de la falaise. Elles doivent exploser au niveau des embrasures, mais sans succès. Les murailles du fort sont contournées et l'entrée de la batterie souterraine est atteinte. Le sergent Paul A. Hurst détruit les mitrailleuses qui protègent l'entrée à coups de bazooka. Les défenses de l'entrée sont muselées. Une charge d'explosif est placée à la base de la porte blindée ; elle est éventrée sous le coup de l'explosion. Les GI's pénètrent alors dans le tunnel taillé dans la falaise. A **17 heures**, les servants de la première pièce se rendent. A **17 h 30** les autres artilleurs de marine capitulent. Pendant ce temps, le 3e bataillon du *314th* est descendu par la rue Levéel où il a attaqué le tunnel de la marine taillé au pied de la Montagne du Roule. Plus de trois cents Allemands se rendent alors. Ainsi, en fin de journée, le 26 juin, tout le **Fort du Roule** est aux mains des Américains.

Au sud-ouest, le *315th IR* a nettoyé tout le secteur de **Martinvast**, toute la résistance s'effondre alors et deux mille deux cents Allemands se rendent au colonel Bernard B. McMahon.

A l'ouest, dans le secteur de la *9th Infantry Division*, le *47th IR* et le *39th IR* continuent leur progression. Deux bataillons du *47th Infantry Regiment* arrivent en vue de l'Arsenal protégé par ses puissants bastions. Les GI's sont à l'Hôpital maritime où ils trouvent cent cinquante blessés américains qui étaient soignés par les Allemands. Mais, ils ne peuvent progresser au-delà de l'hôpital maritime. Ils sont bloqués par le tir des pièces légères implantées sur le bastion III de l'arsenal. Le tir tendu et rapide de 20 mm Flak cloue l'attaque au sol.

Sur la droite du *47th IR*, le *39th IR* se heurte, pendant une partie de la journée, à l'**Hôtel de Ville** qui est fortifié et défendu par un colonel allemand. Après plusieurs heures de siège, ce dernier finit par capituler avec quatre cents hommes en se rendant, à **20 h 07**, au lieutenant-colonel Frank L. Gunn. A la même heure, le *47th IR* et le *39th IR* ont fait leur jonction au niveau de la rue Hélain. La journée se termine maintenant alors que les Allemands se sont rendus partout dans Cherbourg mais l'Arsenal résiste encore et son attaque est remise au lendemain.

Ainsi, le *Maj. Gen.* Collins n'a plus devant lui que trois poches de résistance : l'Arsenal et les forts de la rade au nord de Cherbourg, le camp retranché d'*Osteck* à l'est, et le camp retranché de la Hague qui s'appuie sur *Westeck*, à l'ouest.

Alors que l'assaut contre l'arsenal se prépare, la menace se précise contre l'enclave que tient encore le *Major* Küppers dans le **Val de Saire**. Jusqu'au 25 juin, l'un des trois régiments d'infanterie de la division du *Maj. Gen.* Barton, le *22d IR* a dû se borner à couvrir toute l'aile droite du *VII Corps*, à assurer les communications et à maintenir les Allemands dans Maupertus. La veille, le *Maj. Gen.* Barton a donné l'ordre au colonel Foster *(22d IR)* de faire tomber le réduit d'*Osteck* jusqu'au Cap Le Vi. L'attaque a commencé ce matin à **11 heures** en direction de l'**aérodrome de Maupertus** avec trois bataillons de front et des éléments de cavalerie sur les ailes. Mais un violent tir d'artillerie bloque l'attaque pendant plusieurs heures. Le *I/22* est appuyé par les obusiers du *44th Field Artillery Battalion*, il prend **Gonneville** et des positions au sud de l'aérodrome. De son côté, le *3/22* prend Maupertus et des positions au nord de l'aérodrome, ce dernier reste cependant aux mains des Allemands. Le capitaine Katzmann et ses hommes ont succombé sous l'assaut des Américains mais le *Major* Küppers tient la situation encore bien en mains. Il observe la progression américaine depuis son poste d'observation situé près de la batterie *Hamburg*.

Dans la nuit, Witt prend des mesures pour évacuer l'**Arsenal** qui est en feu. Il pense que le général Sattler va capituler. En tant que « commandant du port », le *Fregattenkapitän* Hermann Witt prend les choses en main. Il tient une conférence avec plusieurs officiers dans le fort du Homet. Le *Korvettenkapitän* Wist et l'*Oberleutnant* Franz couvriront la retraite du groupe d'officiers et de soldats que mène Hermann Witt. A **3 h 30** du matin, il quitte la forme du Homet avec un yacht qu'il avait fait préparer. Le reste du groupe suit dans une baleinière. Les deux embarcations rejoignent, sans être repérées, le Fort de l'Ouest d'où Witt veut poursuivre le combat en bloquant les passes de la grande rade !

Mardi 27 juin

Dans **Cherbourg**, les bastions de l'Arsenal procurent encore une certaine protection à quelques centaines d'Allemands en état de combattre. Mais le général Sattler, qui avait la charge de la défense de l'arsenal, aurait été accusé de vouloir trahir (d'où sa « disgrâce », d'après le témoignage de Witt). Il n'a pas l'intention de se battre. A l'aube, le *47th IR* du colonel Smythe déclenche son attaque sur l'**Arsenal**. A **8 heures**, une reconnaissance est lancée par une section de la compagnie A appuyée par un Tank-Destroyer afin de sonder la défense allemande. Les fantassins progressent, le TD reste à couvert. Puis il ouvre le feu et détruit deux pièces de 20 mm par des tirs directs. A **8 h 30**, un ultimatum est envoyé aux défenseurs allemands, cet ultimatum est accepté avec empressement par le général Robert Sattler qui a décidé de se rendre. Des Allemands désarmés apparaissent sur les bastions, on aperçoit des drapeaux blancs. Le général Sattler sort alors à la tête de quatre cents hommes dont le moral s'est effondré. A **10 heures**, toute résistance a officiellement cessé dans Cherbourg.

Le *Maj. Gen.* Collins, accompagné par plusieurs de ses généraux (*Maj. Gen.* Barton, *Maj. Gen.* Eddy...) arrive à l'**Hôtel de Ville** dans un *Command Car* blindé vers **16 heures**. Le *Maj. Gen.* Collins vient rencontrer le Docteur Renault, maire de Cherbourg, pour lui confier, au nom de l'armée américaine, l'administration civile. En cadeau, il lui remet un drapeau français taillé dans de la soie de parachutes américains. Cherbourg est la première grande ville dont les Alliés ont pris le contrôle. C'est un important tournant de la Bataille de Normandie. A cette occasion, le *Lt.Gen.* Bradley adresse le message suivant au peuple français : *« C'est pour moi un plaisir de dire au peuple de France : voici votre première grande ville qui vous est rendue ».*

Mercredi 28 juin

Le *Fregattenkapitän* Witt est maintenant installé avec ses hommes dans le Fort de l'Ouest et le Fort du Centre. Tenant ainsi la Digue du Large, il espère bloquer tout accès aux navires alliés. Mais les Américains ne l'oublient pas et, depuis la veille au soir, le Fort du Centre, commandé par le lieutenant Reinelt, a subi des bombardements américains. Le yacht de Witt a en effet été repéré dans le port de ce fort qui est devenu une cible privilégiée. Une vedette américaine a même sauté sur une mine en tentant de s'en approcher. Vers **10 h 50**, neuf Thunderbolts attaquent ce fort, les dégâts sont importants. Plus à l'ouest, des marins signalent à Witt que les Américains ont avancé sur la digue de Querqueville et se sont emparés du Fort Chavaignac. Ils sont maintenant de l'autre côté de la passe, en face du Fort de l'Ouest où se trouve Witt. Près du Fort Chavaignac, un véhicule américain s'est arrêté. L'amiral Sullivan accompagné de deux autres officiers de l'*US Navy*, observe ce fort qui lui tient tête. Les Américains ont mis en batterie deux pièces de Flak de 20 mm trou-

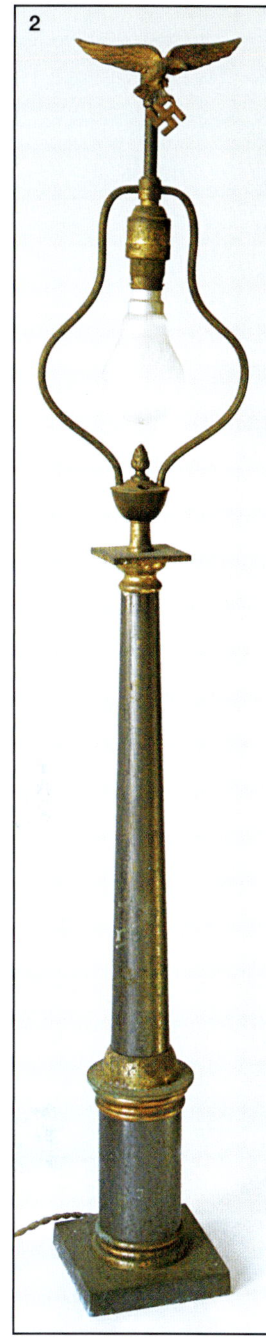

1. Le *Konteradmiral* Hennecke, à gauche, conversant avec le *Fregattenkapitän* Hermann Witt, au centre. (DR.)

2. Lampe de bureau surmontée d'un aigle de la *Luftwaffe* retrouvée après les combats dans les locaux administratifs de la base aérienne de Maupertus. (Coll. privée.)

Ci-contre : des B26 *Marauder* bombardent les points forts de la Hague le 28 juin 1944. Ils viennent de toucher la batterie d'Auderville-la-Roche au bout de la presqu'île de la Hague. (USAF/Coll. B. Paich.)

Ci-dessous à gauche : dernières positions allemandes dans la Hague le 29 juin. (Heimdal.)

Ci-dessous à droite : bataille finale dans la Hague du 29 juin au 1er juillet. (Heimdal.)

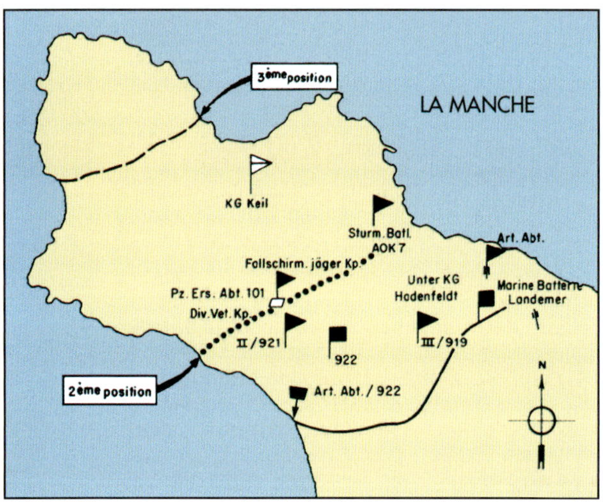

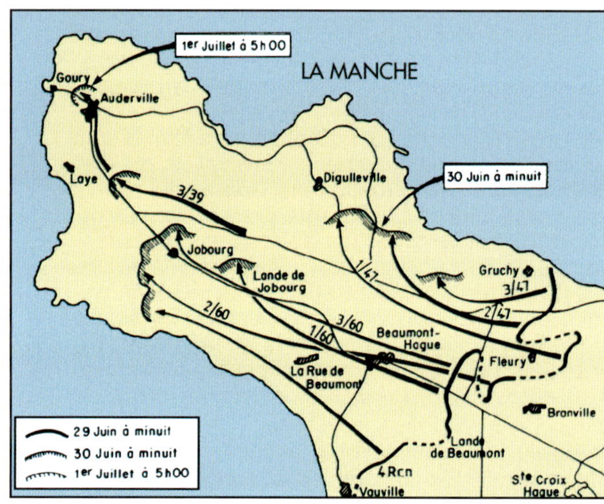

vées intactes sur la digue de Querqueville et ouvrent le feu sur le Fort de l'Ouest.

Dans le **Val de Saire**, le *Maj. Gen.* Barton a décidé d'en finir. Il a mis une batterie d'artillerie du *44th Artillery Battalion* sur la route allant de Carneville à Fermanville, au lieu-dit **Le Sapin**, près de la batterie ***Hamburg***. Il aligne le *22d Infantry Regiment* appuyé par un bataillon de Rangers et deux bataillons de tanks (le *24th* et le *7th*). A **3 heures du matin**, une jeep a pénétré dans le périmètre fortifié par un secteur non miné. Un émissaire en descend. Küppers refuse l'offre de reddition qui lui est proposée mais il est prêt à accueillir le *Maj. Gen.* Barton pour en discuter. A **8 heures**, ce dernier arrive, accompagné de quelques officiers de son état-major. Une discussion s'ensuit, au cours de laquelle le *Maj. Gen.* Barton laisse traîner négligemment sur la table une carte précise des positions de Küppers (scène décrite par Paul Carell). Küppers réalise qu'il est vain de continuer à résister face à un adversaire qui connaît aussi bien sa situation. C'est peu avant midi, qu'il signe la reddition. En fin d'après-midi, ce qui reste de la garnison d'*Osteck* et de *Hamburg* - soit 990 hommes - prend le chemin de la captivité. Toute résistance allemande a maintenant cessé à l'est de Cherbourg.

Outre les deux forts où sont encore retranchés Witt et ses hommes, au large de Cherbourg, il ne reste plus que le lieutenant-colonel Keil et 6 000 hommes dans la Presqu'île de la Hague. Le dispositif américain est réorganisé. La *4th Infantry Division* contrôlera Cherbourg tandis que la *79th Infantry Division* quitte le *VII Corps* et se met en marche vers le sud pour passer sous le commandement du *VIII Corps*, dans la zone des marais. Elle se trouvera là face aux éléments de la *77. ID* qui ont échappé à l'encerclement. La *9th Infantry Division* avec l'appui du *4th Cavalry Group*, est chargée de liquider la poche de la Hague. Le regroupement des unités a été mis en route la veille. Le *47th IR* se met en place dans le secteur de Hainneville, le *39th IR* à l'ouest d'Octeville et le *60th IR* à l'ouest de Sainte-Croix-Hague. Cette mise en place des unités se fait sous le feu des batteries allemandes de la Hague.

Jeudi 29 juin

La situation devient grave pour le *Hafenkommandant* Witt. Diverses batteries d'artillerie dont quatre pièces de 155 mm installées près du Fort du **Homet** ouvrent le feu sur le Fort de l'Ouest. L'aviation entre aussi dans la danse et la marine se prépare à intervenir. Witt et ses 186 hommes ne peuvent rien faire, espérant seulement que le gros fort circulaire les protégera. A **10 heures**, le *Petit Pierre,* une grosse barque conduite par Paul Sébire, l'un des pilotes du port, emmène deux émissaires de l'*US Navy*. Elle arrive vers **10 h 30** en vue du port du Fort de l'Ouest en arborant un drapeau blanc. Le feu cesse alors. Puis quelques Allemands apparaissent, porteurs d'un drapeau blanc. Le *Fregattenkapitän* Witt doit se rendre à l'évidence. Le Fort du Centre est détruit, le tableau de commande des mines est anéanti. Le lieutenant Reinelt a abandonné ce fort avec quelques hommes et a rejoint le Fort de l'Ouest. Quelques hommes ont été évacués sur le *Petit Pierre*. Puis les tirs ont repris. A **16 h 45,** le *Petit Pierre* est revenu. Hermann Witt est blessé, il a la poitrine enfoncée. Il fait annoncer la reddition par pavillons. Le feu cesse complètement.

L'ultime bataille va maintenant avoir lieu dans la **Hague**. La veille, à 3 heures du matin, le commandement de la 7ᵉ Armée a annoncé à Keil que des distinctions avaient été attribuées à certains de ces combattants allemands « du bout du monde ». La Croix de Chevalier de la Croix de Fer a été décernée à Günther Keil qui l'a bien méritée. Des croix allemandes en or ont aussi été attribuées.

La Hague a été la cible de l'aviation. Querqueville, Gruchy, Nacqueville et Jobourg ont été bombardés par des P-47 le 27. Puis, le lendemain, des bombardiers lourds (Marauders) ont largué leurs bombes sur les batteries de Laye et de La Roche ainsi que sur les « W » de la rue de Beaumont et de Beaumont-Hague. Aujourd'hui, des P-47 s'attaquent de nouveau à Beaumont-Hague et l'artillerie américaine intervient avec intensité. Au centre, le *60th IR* attaque en direction de **Branville-Hague**. La progression dure une heure, sans incidents. Puis elle vient buter sur la première position à la hauteur de la cote 167, là où deux routes se rejoignent (celle venant des Pieux, au sud, et celle venant de l'est). Il y a un fossé antichar de chaque côté de la route ainsi que des mitrailleuses et des pièces antichars. Mais, sur la droite, le *2/60th*, appuyé par des chars et des TD, contourne cette position à la hauteur de Fleury et arrive au carrefour menant à Gréville. L'*UKG Hadenfeldt* a été enfoncé. Pendant ce temps, malgré les attaques aériennes, l'artillerie du *Major* Quittnat n'a pas été anéantie et elle continue de tirer sur les Américains mais les provisions d'obus diminuent rapidement.

Plus à droite, le *47th IR* a progressé, depuis Querqueville, jusqu'à midi. Mais, plus tard, le *3/47th* se heurte à des positions en avant de *Westeck* dans le secteur de Gréville ; elles ne tombent que vers 22 heures. Ce soir, Keil fait les comptes. Ses hommes savent que leur combat est sans espoir, leur moral n'est pas bon. La première position a été submergée. Keil envoie un message dans les Iles anglo-normandes afin de demander l'évacuation de ses hommes par des vedettes rapides. Il demande aussi que son unité soit mentionnée au compte rendu quotidien de la Wehrmacht afin de regonfler le moral de ses hommes. On lui accorde ses deux souhaits. Mais les vedettes rapides ne pourront échapper à la vigilance alliée ; elles ne passeront pas. Cependant, le lendemain, la ***Kampfgruppe Keil*** est évoquée à la radio.

Vendredi 30 juin

Sur la gauche, l'attaque du *4th Cavalry Group* progresse sans trop de problèmes. Il part à **7 heures** dans un paysage dénudé et compartimenté par ses vallées. Les blindés écrasent les positions du lieutenant-colonel Müller et, à **9 heures**, Keil apprend que le front a cédé dans ce secteur. Mais, jusqu'à **16 heures**, le *Major* Quittnat interdit toute progression vers Jobourg grâce à son artillerie qui manque alors d'obus. Le *4th Cavalry Group* reprendra sa progression.

Au centre, la position de la cote 167 a été contournée la veille par les tanks mais il reste un obstacle devant Beaumont. Une préparation d'artillerie, menée de **8 h 05** à **8 h 15**, permet de détruire toutes les pièces de 88 mm. Le *2/60th* part alors à l'assaut de la position. Le capitaine Stephen W. Sprindis mène sa compagnie E en une remarquable charge d'infanterie avec trois sections de front face aux mitrailleuses allemandes. Il est appuyé sur sa droite par la compagnie F soutenue par des chars progressant sur la route. Le moral des Allemands tenant le secteur s'est effondré et Sprindis est vainqueur. Les deux compagnies entrent dans **Beaumont-Hague**. A **10 heures**, le *Major* Hadenfeldt a indiqué à Keil que le front des *II./919* et *III./919* a été enfoncé. Il est maintenant encerclé dans le réduit de *Westeck*.

Une terrible concentration d'artillerie s'abat sur Gréville tandis que les canons des tanks neutralisent les bunkers des défenses de *Westeck*. Puis le *2/47th* s'empare des positions de ce secteur mais a plus de mal dans le secteur de Gruchy où les positions allemandes s'accrochent à une petite crête. Les Allemands tirent au mortier sur les Américains. En **début d'après-midi**, deux groupes d'artillerie US frappent ce secteur. Keil observe à la jumelle les impacts des obus sur le bunker du *Major* Hadenfeldt, avec qui il reste en contact téléphonique jusqu'à **16 heures**. Les tanks entourent la position. Cependant, Hadenfeldt tiendra jusqu'au lendemain vers 11 heures dans un dernier secteur de *Westeck*. Quant à Müller, il a été capturé vers 16 heures.

A **18 heures**, Keil observe les deux compagnies du *60th IR* qui avancent sur Jobourg appuyées par des tanks. Il demande alors l'appui d'une batterie lourde d'Aurigny. Les obus passent en sifflant au-dessus de la mer et viennent freiner la progression américaine. Keil est maintenant sur la deuxième position mais il manque de moyens de transmissions. Son officier d'ordonnance part en reconnaissance et lui annonce que la compagnie vétérinaire n'a pas été attaquée et que la compagnie de paras tient encore, mais elle a perdu le contact avec les Géorgiens. De son côté, le capitaine Kaldanke est encerclé sur le Mont Pali avec les restes du *Sturm-Batl. AOK 7.* Par ailleurs, on lui annonce que des canots d'assaut viennent d'accoster sur ses arrières ! La deuxième position s'effondre déjà ; le combat approche de sa fin. Vers **19 heures**, la batterie d'Aurigny (trois pièces de 170 mm de la batterie *Elsass*) cesse de tirer. Les vétérinaires sont submergés par les tanks qui entrent dans Jobourg. Vers **20 heures**, Keil veut se replier et quitter son bunker de commandement, qui subit des tirs. Dans le bunker voisin, on a cru que Keil avait succombé et de vieux marins ont déjà hissé le drapeau blanc et saboté leurs fusils. Il part dans un chemin creux avec Voss, son chauffeur, afin de rejoindre son véhicule. Il est face à une vingtaine de soldats américains. Il pense alors à se suicider mais son geste pourrait être mal compris et son chauffeur serait en danger. Il est capturé alors qu'il avait espéré mourir au combat. Il est **23 heures**. Les Américains sont enfin arrivés Cap de la Hague.

1

3

4

2

6

1 et **3.** Ce **26 juin** 1944, des blindés américains progressent dans Tourlaville. Les soldats des 1er et 3e bataillons du *313th Infantry Regiment*, venant de Tourlaville, se sont heurtés aux bunkers de la gare maritime et de ses abords. Ils ont fait appel aux chars. Ces deux photos sont prises au même endroit dans la rue du Val de Saire, peu après l'entrée de l'Hôtel Dieu (devenu Hôpital Pasteur), les chars viennent de l'est, du centre de Tourlaville. Les obus qui ont manqué le Fort du Roule, et surtout la gare maritime, ont frappé plusieurs maisons lorsque des éléments du *313th IR* ont dû affronter des bunkers dans le secteur de la gare maritime, erreurs de tir... (DAVA - 6041/Heimdal.)

2 et **4.** Actuellement. (E.G./Heimdal.)

5. Des chars américains progressent dans l'actuelle rue Pierre de Coubertin derrière l'hôpital des Armées dont le mur du parc est visible à gauche. Des Allemands arrivent, face aux chars, pour se rendre, ils arborent un drapeau de la Croix Rouge. (NA/Heimdal.)

6. Actuellement. (E.G./Heimdal.)

7. Rare photo en couleurs prise en 1944, dans les rues de Cherbourg, prise après la fin des combats. (DAVA.)

Le Fort du Roule, le 26 juin 1944

1. Après la prise de la partie supérieure du Fort du Roule, des soldats américains du *313th IR* en contournent les murailles bastionnées pour tenter de toucher les embrasures de la batterie située dans la falaise dont les pièces continuent de tirer sur les unités américaines avançant au pied du fort. Des charges d'explosifs seront même amenées avec des cordes jusqu'au niveau des embrasures des casemates, sans grand succès. Au fond, à droite, on aperçoit les usines Amiot qui brûlent. (NA/Heimdal.)

2. L'entrée du tunnel de la Marine, percé au pied de la Montagne du Roule, photo faite après sa prise par les Américains et photo actuelle. (DAVA/Heimdal.)

3. Un soldat allemand vient d'être capturé. Il est sorti du tunnel de la Marine (déjà vu sur la photo précédente), auprès de l'avenue de Paris. Trois cents soldats allemands auront été capturés ici. (NA/Heimdal.)

4. Depuis le Fort du Roule, on aperçoit l'Arsenal de Cherbourg en feu. On distingue le quartier central dominé par le clocher carré de l'église de la Trinité. (NA/Heimdal.)

4

6

7

5. Vestiges au sommet du Fort du Roule. (E.G./Heimdal.)

6. Sur cette autre vue prise depuis le Fort du Roule, presque sous le même angle, on distingue l'Arsenal en haut et à gauche. Au centre se trouve le port de pêche. Sur la droite, la partie occidentale de Tourlaville où se trouvent des éléments de la *4th Infantry Division*. Dans le fond : la gare maritime. (NA/Heimdal.)

7. Actuellement. (E.G./Heimdal.)

1. Le Fort du Roule est tombé, des fantassins progressent à l'ouest du fort. Ils passent ici à côté du Jardin public, dans l'avenue de Paris et se dirigent vers la gare maritime. (NA/Heimdal.)

2. Actuellement, les impacts témoignent des combats. (E.G/Heimdal.)

2

3

4

6

5

8

3. Les vainqueurs dominent Cherbourg depuis le Fort du Roule. De gauche à droite : le général Ira T. Wyche (qui commande la *79th ID*), le *Staff Sergeant* Paul A. Hwiss, le *Staff Sergeant* Charles Gass et le lieutenant-colonel Gilman A. Huff. (USIS/Heimdal.)

4 et **5.** Le *Major General* Collins et le capitaine Kirkpatrick (de la *79th ID*) viennent aussi visiter ce site clé de la bataille. (NA/Heimdal.)

6. Actuellement. (E.G./Heimdal.)

7. Ces soldats reviennent de la gare maritime. Ils arrivent au carrefour avec la rue du Val de Saire pour prendre l'avenue de Paris en face d'eux, en direction du sud. On aperçoit à gauche un canon antichar U.S. de 57 mm en batterie et le café du Rond Point, qu'on reverra plus loin. (KY/Heimdal.)

7

9

11

8. Actuellement. (E.G./Heimdal.)

9. Cette photo a été prise rue Dom Pedro auprès de l'Hôtel Atlantique, dans le quartier de la gare maritime. La poche de résistance allemande de la gare maritime et du terre-plein des Mielles vient d'être réduite. Des soldats américains observent un blessé allemand. (NA/Heimdal.)

10. Au même endroit, un peu plus tard, des soldats américains et des civils posent sur une chenillette française utilisée par les Allemands et récupérée maintenant par les Américains. (NA/Heimdal.)

11. Actuellement. (E.G./Heimdal.)

10

Entrée des Américains à Cherbourg, 26 juin 1944

1, 2 et **3.** En avançant vers le centre de Cherbourg, les soldats américains ont buté sur une rue bloquée par un mur en béton muni d'une embrasure de tir. Ils ont ouvert une brèche dans ce mur. En avant de cet obstacle se trouvent les restes d'une pièce légère qui armait l'embrasure de tir. En arrière, on aperçoit une pièce de Flak de 20 mm, placée à l'angle de deux rues ; elle pouvait battre en enfilade ces deux axes possibles de progression. La maison d'angle a brûlé, touchée par les obus. (P.L./Heimdal.)

4. Quelque part en ville, une pièce antichar allemande sur affût chenillé contrôlait un carrefour. Elle a été détruite et fume encore. Deux soldats américains examinent les lieux. (USIS/Heimdal.)

5. Les fantassins avancent vers le centre ville. (D.F./Heimdal.)

6. Progression des Américains dans Cherbourg. (Heimdal.)

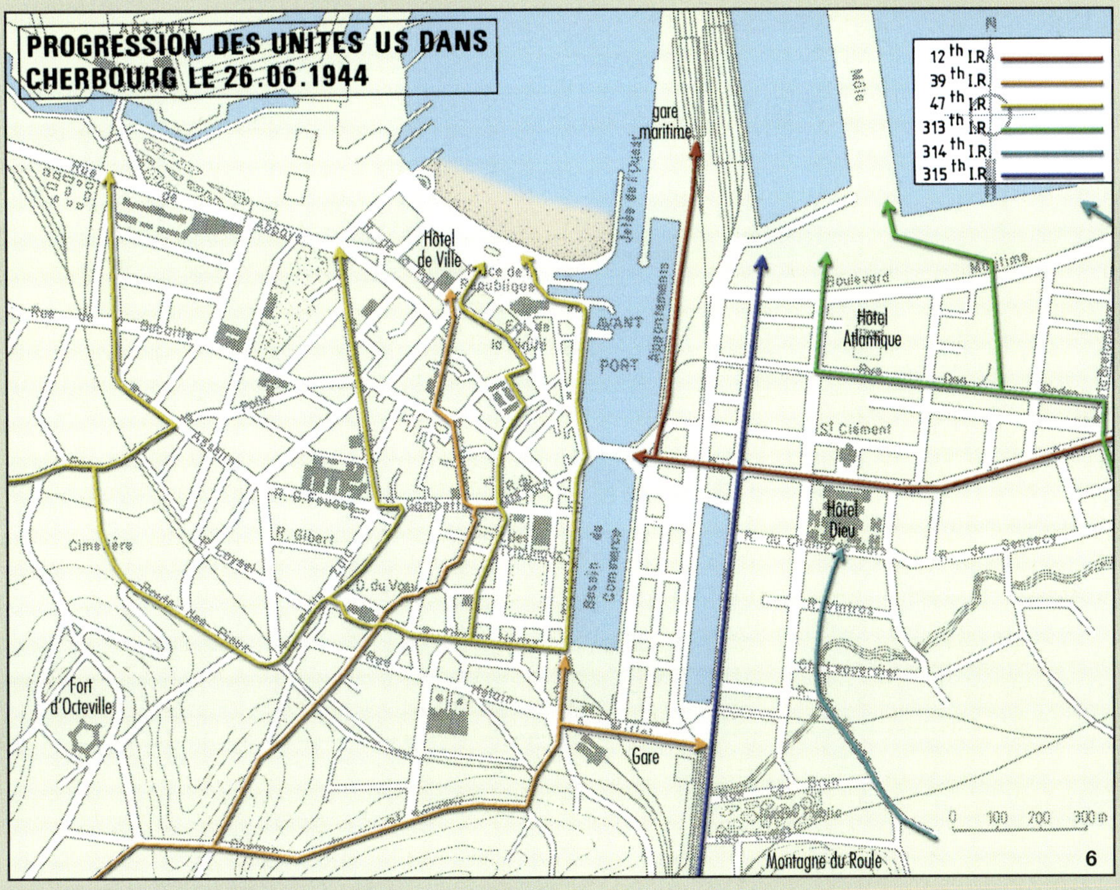

Reddition du général von Schlieben

1 et **2**. Le 26 juin 1944, vers 14 heures, le *39th IR* de la *9th Infantry Division* ouvre le feu sur l'entrée du PC souterrain du général von Schlieben. Un soldat muni d'un drapeau blanc annonce la reddition **(1)**. Le général von Schlieben sort alors du souterrain, casqué, suivi de l'amiral Hennecke (en casquette et manteau) **(2)**. Photos du correspondant de guerre Spangle. (DAVA - 5994 et 6049/Heimdal.)

Generalleutnant von Schlieben, der Verteidiger von Cherbourg, verlässt seinen Gefechtsstand im Fort du Roule, um sich den Amerikanern zu ergeben. Die Lage war hoffnungslos. Auch Schliebens Tod hätte nichts daran ändern können. Deshalb setzte sich Generalleutnant von Schlieben, zusammen mit 18 000 anderen in der gleichen Lage, über den Führerbefehl hinweg, zu dem sie sich mit ihrer Unterschrift verpflichten mussten,

„dass sie ungeachtet der Lage ihren Platz mit Einsatz ihres Lebens bis zum letzten Mann und zur letzten Patrone zu verteidigen haben."

Generalleutnant von Schlieben und die 18 000 sind jetzt in England. Sie warten auf das Ende des Krieges und auf ein Deutschland, in dem solche erpresserischen Verpflichtungen unmöglich sind.

Ci-dessus : recto d'un tract allié imprimé immédiatement après la reddition du général von Schlieben, incitant les derniers soldats allemands retranchés à se rendre.

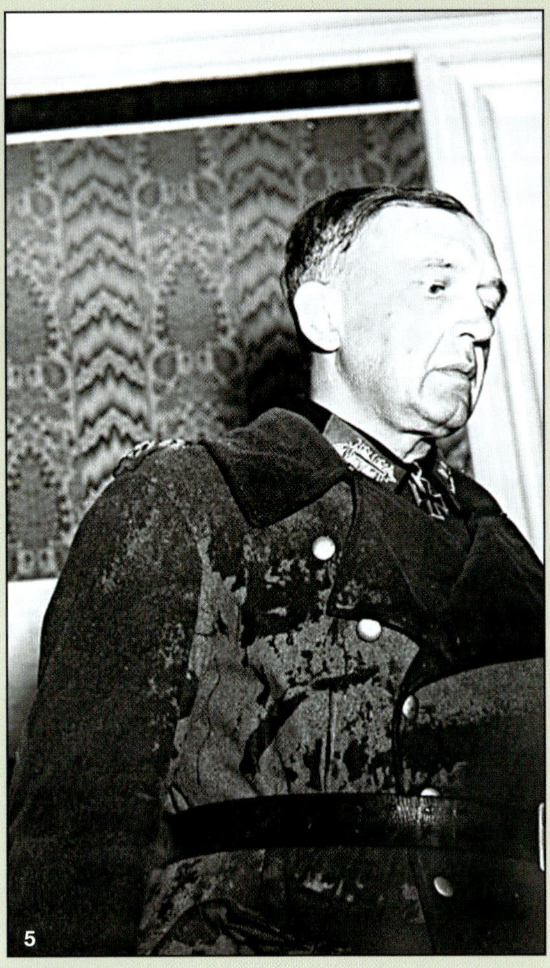

3. Les deux officiers généraux sont conduits au général Eddy *(9th Division)* qui se trouve à son PC de combat près de l'église d'Octeville. Ils sont ensuite amenés au PC du *Major General* J. Lawton Collins au château de Servigny près d'Yvetot-Bocage. Trempés, ils arrivent au château pour signer l'acte de reddition. (NA/Heimdal.)

4 et **5.** L'acte de reddition est signé au premier étage du château en présence du *Maj. Gen.* J. Lawton Collins. Photos du correspondant de guerre Petrony. (DAVA - 5962 et 5948/Heimdal.)

6. Les deux chefs ennemis, et l'amiral Hennecke, posent pour la postérité devant le château de Servigny. (NA/Heimdal.)

7. Après la reddition. (A.P./Heimdal.)

Mardi 27 juin

1

2

27 juin, la fin des combats dans Cherbourg

1. Ce **27 juin**, les combats ont cessé dans Cherbourg et les Américains rassemblent les prisonniers. Le capitaine Earl J. Topley de St Paul dans le Minnesota, examine le cadavre d'un Allemand qui a été tué après qu'il ait abattu trois de ses GI's lors des premiers combats dans la ville. (DAVA-5941/Heimdal.)

2. Deux soldats allemands ont été abattus par des soldats du *313th IR* de la *79th ID* après avoir abandonné la Peugeot 202 (récupérée par la Wehrmacht) que l'on voit sur la photo. (DAVA - 6018/Heimdal.)

4. Le *Captain* W.H. Hooper, qui commande la *I.Company* du *314th IR* de la *79th ID* (et sera tué début juillet lors des combats pour la Haye-du-Puits) et quelques-uns de ses hommes encadrent une colonne de prisonniers allemands, officiers en tête. Ils remontent l'avenue de Paris à Cherbourg en passant devant l'inscription « Cherbourg » rappelant l'ancien octroi, au pied de la Montagne du Roule. La colonne prend la direction du sud, elle va rejoindre les camps de prisonniers de guerre installés sur le plateau de la Montagne du Roule, près de la ferme de la Fieffe. (DAVA-6048/Heimdal.)

5. Actuellement. (E.G./Heimdal.)

6. Des tankistes, perchés sur leur TD, parlent à un Cherbourgeois. Leur engin est chargé de matériel, dont un vélo.

7. Des prisonniers allemands ont été rassemblés. Dans les premiers rangs, il y a des membres de l'organisation Todt, hommes d'un certain âge. De tels hommes faisaient nombre dans les effectifs assiégés mais n'avaient aucune valeur combattante. (NY/Heimdal.)

8 et **9.** Des prisonniers âgés et blessés traversent Cherbourg. (DAVA - 6041 et OWI/Heimdal.)

6

4

7

5

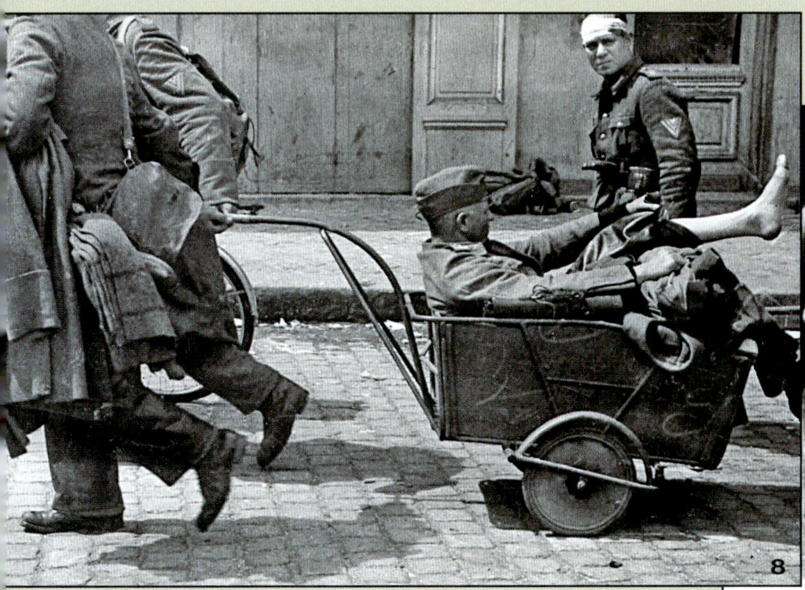
8

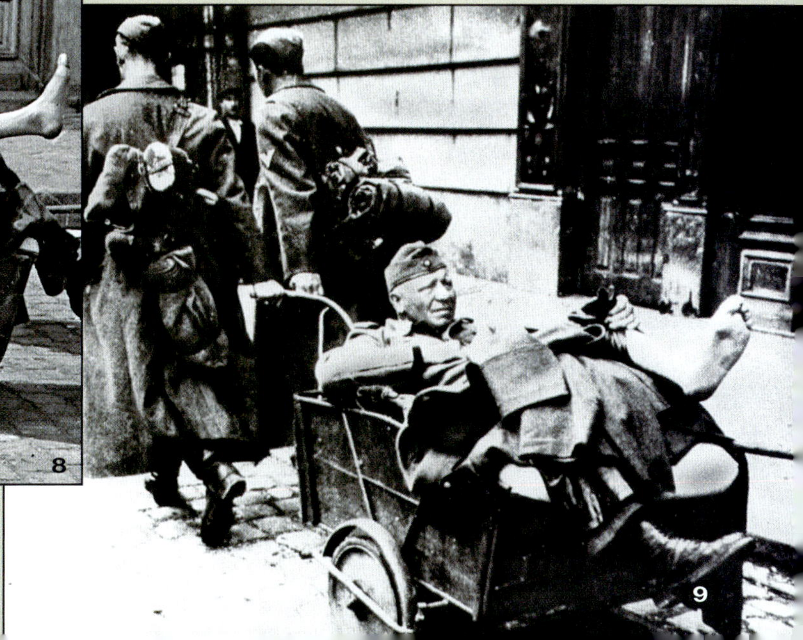
9

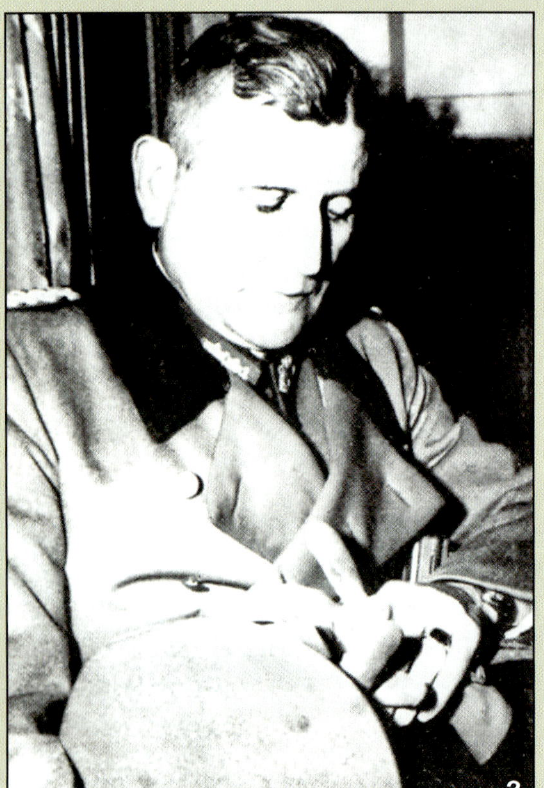

Mardi 27 juin, reddition de l'Arsenal

1. Mardi 27 juin, il est 8 h 30, un ultimatum est envoyé aux défenseurs allemands de l'Arsenal. Le général Robert Sattler, qui était *Stadtkommandant*, commandant de la place, avait pour mission de défendre l'Arsenal. Mais il mènera une résistance tout à fait symbolique et, à 10 heures, après avoir accepté l'ultimatum américain avec empressement, le général Sattler, que nous voyons ici, fait cesser toute résistance dans l'Arsenal. (D.F./Heimdal.)

2. Le général Sattler vient de se rendre. (NA/Heimdal.)

3. Un aspect du tunnel de la marine creusé dans la Montagne du Roule après la reddition des Allemands qui y a eu lieu le 26. Des objets sont épars dans ce tunnel qui servait de chambrée. Les cadavres n'ont pas encore été ramassés. (DAVA/Heimdal.)

4. Ce 27 juin, le *Master Sergeant* Max Oppenheimer annonce à la radio la reddition du général von Schlieben et la prise de Cherbourg. Son casque porte le « VII » du *VII Corps*. (NA/Heimdal.)

5. Des fantassins de la *79th ID*, avec leurs casques recouverts du filet caractéristique, marquent la pause dans une rue de Cherbourg, en discussion avec une « French Mademoiselle ». Photo prise dès le 26 par Weintraub. (DAVA - 5980/Heimdal.)

6. Des civils cherbourgeois questionnent les GI's. (OWI.)

1

3

2

4

6

27 et 28 juin, l'Arsenal

Lorsque les Américains pénètrent dans l'Arsenal de Cherbourg, le 27 juin, les dévastations sont importantes.

1. Ils rencontrent aussi un grand bunker pour vedettes rapides mis en chantier par les Allemands. Nous voyons ici l'arrière de cette base qui n'est pas terminée. Photo prise le 30 juin 1944. (DAVA - 63 96/Heimdal.)

2. L'accès de l'abri bétonné de cette base donne sur l'avant-port de l'Arsenal. Nous voyons ici cette entrée massive et la voûte arrondie non encore terminée. (NA/Heimdal.)

3. L'intérieur de cet abri avec sa voûte caractéristique. Si l'entrée rappelle celle des bases de sous-marins, la voûte est, par contre, différente de celles réalisées dans les bases d'*U-Boote*. (NA/Heimdal.)

4. Cet abri, actuellement. (B. Paich.)

5. Un stock de torpilles. Celles-ci n'ont pas été photographiés dans l'Arsenal mais dans le tunnel de la Marine creusé au pied de la Montagne du Roule. (DAVA/Heimdal.)

6. L'un des ateliers dévastés qui donnent sur l'avant-port. (NA - 6388/Heimdal.)

7. Vue générale montrant la base de vedettes rapides *(Schnellboote)* et les bâtiments dévastés donnant sur l'avant-port. Le bassin est miné et rempli d'épaves. Les troupes américaines auront un important travail de remise en état. (NA - 6397/Heimdal.)

8. Autre vue de l'Arsenal dévasté, quartier Rochambeau. (DAVA - 6871/Heimdal.)

7

5

Hôtel de Ville de Cherbourg, 27 juin 1944

Le lendemain de la capitulation du général von Schlieben, le *Major General* Collins, qui commande le *VII Corps*, vient à l'Hôtel de Ville de Cherbourg ce 27 juin, il y est reçu officiellement à 16 heures.

1. Il arrive dans son véhicule de commandement blindé (portant sa marque de *Major General*) ; il est accompagné par plusieurs de ses généraux. (NA/Heimdal.)

2. Actuellement, si le porche de l'Hôtel de Ville est resté intact, la façade a été très « modernisée ». (E.G./Heimdal.)

3. Le *Maj. Gen.* Collins est alors reçu officiellement à l'Hôtel de Ville et le Docteur Renault, Maire, le fait citoyen d'honneur de la ville de Cherbourg. De son côté, Collins vient confier, au nom des Etats-Unis, la ville conquise à l'administration de son Maire et du conseil municipal. Le *Lt. Gen.* Barton est à gauche. (NA/Heimdal.)

4. Une cérémonie a alors lieu devant l'Hôtel de Ville et, lorsque la Marseillaise retentit, le Docteur Renault se fige tandis que les généraux qui l'entourent saluent. On reconnaît le *Lt. Gen.* Barton (sur la gauche, avec une moustache) qui commande la *4th ID*, le *Maj. Gen.* Collins, le *Lt. Gen.* Eddy (avec des lunettes, derrière Collins) et un officier de parachutistes dont la censure a systématiquement caché le visage sur toutes les photos (il doit s'agir du *Lt. Gen.*

1

2

5

3

4

6

Ridgway chef de la *82nd Airborne Division*). Le docteur Renault tient un drapeau ; il s'agit d'un cadeau du *Maj. Gen.* Collins, un drapeau français taillé dans des parachutes américains. Et alors que le docteur Renault reçoit le général Collins à l'Hôtel de Ville, à cinquante mètres de là, rue François La Vieille, dans la chambre de commerce, transformée en *Hafenkommandantur* par les Allemands, les Américains se précipitent pour y installer un *Civil Affairs Detachment*. Les officiels gaullistes vont réagir promptement face à cette mainmise pour rétablir la légitimité devant cette forme de nouvelle occupation. (NA/Heimdal.)

7

5. Cérémonie devant l'Hôtel de Ville. (NA/Heimdal.)

6. Face à l'Hôtel de Ville, les Américains ont disposé une garde d'honneur. Elle présente ici les armes, probablement lors de la Marseillaise. (NA/Heimdal.)

7. Photo prise peu après. Les soldats sont maintenant au repos. A cette occasion, le *Maj. Gen.* Bradley adresse un message au peuple français : *« C'est pour moi un plaisir de dire ceci au peuple de France : voici votre première grande ville qui vous a été rendue. »* (NA/Heimdal.)

8

1

2

3

4

7. La station, dont nous voyons ici un aspect général avec son matériel, est rattachée à une unité de la PND *(Psychological Warfare Division)*, la « division de la guerre psychologique »). (OWI/HA/Heimdal.)

« Radio Cherbourg » émet à partir du 27 juin

Sur la hauteur de la Fauconnière, à Beaumont-Hague, à côté des réservoirs d'eau de la ville, des spécialistes du Génie américain installent une station de radio qui sera la première station de radio alliée en France depuis 1940 **(1)**. **2.** Un technicien, le sergent Baranowski, installe une antenne dans un arbre, à côté d'un projecteur abandonné par les Allemands, tandis que les autres tendent des câbles jusqu'au bâtiment qui abritera « Radio Cherbourg ». **3** et **4.** Des civils, curieux, observent les travaux. (OWI/NA/Heimdal.)

5. Nous sommes le 27 juin 1944, la station va émettre pour la première fois. Au pied du bâtiment, des civils attendent l'événement.

6. La station est dirigée par un ancien journaliste américain de New York, Bravig Imbs, et par l'Anglais Imlay Walts, un des directeurs de la BBC. Ce dernier (à gauche sur la photo) donne le top. André Marchese, un civil qui a été prisonnier des Allemands pendant un an et demi, lit un texte. A droite, le lieutenant Daniel Overton, un officier du Génie, contrôle la bonne qualité de l'émission.

Cherbourg, le 28 juin

1 et **2.** Les Américains se sont maintenant installés dans Cherbourg et Tourlaville. Ces trois soldats de la *4th Infantry Division* sont dans leur secteur ; la partie de Tourlaville jouxtant Cherbourg, à l'est de la Divette et au pied du Fort du Roule. Ils sont assis à l'angle de l'avenue Aristide Briand et de la rue du Val-de-Saire sur la place Marie-Ravenel. Ils contrôlent le carrefour avec une mitrailleuse... mais il n'y a plus à craindre de contre-attaque allemande. La progression a été dure dans ce quartier comme les impacts de balles l'indiquent. On notera le badge de la *4th Division* porté par ces trois hommes sur leurs manches. On notera aussi les nombreux panneaux allemands encore en place. Le panneau *H.V.P. Mar. Laz.* (poste de soins principal - Hôpital de la Marine) indique l'Hôpital Pasteur. *Raebel Werke* désigne probablement l'Usine Amiot. *OT Micheels Collignon* (Unité de l'Organisation *Todt* « Micheels ») nous apprend qu'elle se trouvait auprès de la plage de Collignon, à Tourlaville. Nous sommes ici au carrefour où se croisent la route venant de Valognes et menant à la gare maritime d'une part, et la route venant du Val de Saire et menant au centre ville d'autre part. Actuellement : toujours la direction de Barfleur et de l'hôpital Pasteur...

3. Deux fantassins de la *79th Division*, les sergents George J. Sagert et N. Spiker devant un ancien local de l'*Organisation Todt.*

4 et **5.** Nous retrouvons ici le café du Rond-Point, place Marie-Ravenel, à proximité de la maison de la photo **1**. Là encore, comme leurs camarades, ces soldats disposent d'une mitrailleuse américaine de calibre .30 (7,62 mm). De gauche à droite : le *Pvt.* Daniel B. Wassie, le *Corporal* Burd E. Showalter, le *Pvt.P John J. Langan et le* Pvt. Roger E. Houle. Ils se reposent à proximité d'une pièce et d'un caisson d'artillerie abandonnés par les Allemands. Actuellement le café a changé d'affectation. (DAVA - 5985/Heimdal et E.G./Heimdal.)

6 et **7.** Un peu plus loin, rue Dom Pedro, des civils aidés par des soldats américains, arrachent le panneau indiquant le siège principal de l'*Organisation Todt* à Cherbourg, c'est en effet le bâtiment qui abritait l'O.B.L. *(Oberbauleitung Cherbourg)*. Cet immeuble, l'Hôtel Atlantique, avait été construit à la fin de la Première Guerre mondiale pour servir de gîte aux émigrants en partance vers les Etats-Unis. Il est devenu ensuite une annexe des usines Amiot, avant d'être utilisé par l'O.T. (NA - 5983 et E.G. Heimdal.)

8. Un mess d'officiers allemands resté intact à l'arrivée des troupes américaines. Les tasses et les bouteilles sont encore alignées sur la table. (NA/Heimdal.)

4

5

6

7

28 juin

8

La gare maritime

La gare maritime de Cherbourg était l'un des symboles de la ville. Les trains étaient amenés jusqu'à cette gare du bout du monde, jusqu'aux transatlantiques. Elle était reconnaissable de loin par son haut beffroi qui est tombé au sol. La gare a été systématiquement détruite par les Allemands pour être rendue inutilisable : 35 tonnes d'explosifs ont été utilisées.

Au bout de la jetée de cette gare maritime, deux bunkers ont été construits. On les aperçoit distinctement sur la photo aérienne. Sur deux photos on voit l'extérieur et l'intérieur de l'une des deux casemates. Elle est armée d'une pièce de 105 cm et est surmontée d'un encuvement pour pièce de Flak. La batterie de la gare maritime fait partie de la dernière ceinture d'artillerie, celle des batteries légères. Outre celle-ci, elle rassemble alors la batterie du Bastion II et celle du Fort du Roule. (NA/Heimdal.)

28 et 29 juin, les forts de Cherbourg

Le 28 juin, toute résistance n'a pas cessé à Cherbourg. Le *Fregattenkapitän* Witt et ses hommes tiennent toujours le Fort de l'Ouest et le Fort du Centre. Vers 10 h 50, il subit une violente attaque aérienne et les Américains, progressent depuis Querqueville, prennent le Fort Chavaignac. Le 29 juin, l'artillerie américaine ouvre le feu sur les deux forts. Celui du Centre est détruit et doit être abandonné. Blessé, Witt capitule à 16 h 45.

1. Le Fort de l'Ouest vu d'avion. Sur cette énorme masse circulaire, on remarque un poste de direction de tir, divers encuvements et un phare. (NA/Heimdal.)

2. Le phare installé sur le Fort de l'Ouest. (NA/Heimdal.)

1

4

4. Les Américains ont installé une position de DCA face à une hypothétique attaque aérienne allemande. La pièce est composée d'un canon de 37 mm et de deux mitrailleuses de 12,7 mm, ce qui lui donne une redoutable puissance de feu. (US Army/Heimdal.)

2

3

3. Le Fort de l'Ile Pelée est vaste, il dispose d'une caserne, d'un port, et il a été renforcé par les Allemands avec trois casemates d'artillerie et de nombreux encuvements pour la Flak. Il ferme vers l'est la Grande Digue du Large. La photo est prise depuis le nord-ouest. (DAVA-7114/Heimdal.)

5. Photo prise dans le port de l'Arsenal, à l'entrée de la base aéronavale. On aperçoit les hangars dévastés à l'arrière plan. (NA/Heimdal.)

6. Vue aérienne prise au-dessus de cette base. On voit bien les hangars détruits. Une grue pour les hydravions s'est effondrée dans la mer. (NA/Heimdal.)

5

7. Les usines Amiot endommagées, photo prise le 29 juin. (DAVA - 6332/Heimdal.)

8 et **9.** 28 juin. Des travailleurs russes libérés par les Américains dans l'Arsenal, dansent en attendant leur transfert. A leur retour, Staline les déportera en Sibérie ; ils avaient vu les conditions de vie en Occident. (DAVA - 6051 - 9 et 14/ Heimdal.)

1

2

Cherbourg, du 28 au 30 juin 1944

1 et **2.** Après la bataille, les soldats sont décorés. Ce jour-là, le *Major General* Raymond C. Barton, qui commande la *4th Infantry Division*, décore quelques-uns de ses hommes de la *Silver Star* pour bravoure lors des combats pour Cherbourg. Cette photo est prise le 30 juin, place de la République, devant l'Hôtel de Ville qu'on aperçoit sur la gauche. Actuellement, les maisons détruites sont reconstruites ainsi que leur voisine restée alors intacte. La façade de l'Hôtel de Ville a été « modernisée » et le monu-

3

4

9

10

ment aux Déportés et Résistants se dresse maintenant sur cette place. (DAVA - 6238 et E.G./Heimdal.)

3. Ce même jour, le *Lieutenant-General* Omar Bradley, qui commande la *1st Army* (à gauche) est en compagnie du *Major General* J. Lawton Collins, qui commande le *VII Corps*. Ils regardent Cherbourg depuis le Fort du Roule. Collins expose à Bradley comment ses troupes s'emparèrent de Cherbourg. (DAVA - 6248/Heimdal.)

4. Deux jours plus tôt, le 28 juin, un GI examine un dépôt de munitions allemand dans un bâtiment en ruines. (Heimdal.)

5. Après la fin des combats, des civils évacués avant la bataille montrent à un officier américain l'emplacement de leurs foyers qu'ils rejoignent maintenant. (NA - 6032/Heimdal.)

6. Des Cherbourgeois mettent en caisse des publications de propagande allemande qui seront envoyées sur un dépôt. (OWI/Heimdal.)

7 et **8.** Au débouché du pont tournant, le 30 juin, le quai Alexandre III et l'entrée de la rue Maréchal Foch, des hommes et du matériel d'une unité de DCA sont « en route pour une nouvelle position ». Les lieux ont peu changé. (DAVA et E.G./Heimdal.)

9 et **10.** Mais si Cherbourg est conquise, les destructions opérées par les Allemands ne permettent pas, pour l'instant d'utiliser le port. (AP/Heimdal.)

11. Belle photo en couleur d'époque montrant la rue Grande rue avec les halles sur la droite. US Army/Heimdal.)

5

11

6

8

7

Le Fort Central, l'un des deux derniers points de la résistance allemande à Cherbourg. Il résiste encore le 27 juin lorsque les autorités américaines arrivent à l'Hôtel de Ville. (Photo 39/45 Magazine/Jean-Philippe Guichard.)

Samedi 1er juillet

Les derniers points de résistance allemands s'effondrent. Tout est terminé vers **11 heures**. Le *Major* Hadenfeldt s'est rendu à son tour. Les Américains peuvent tirer le bilan de leur victoire. Dans la Hague, ils ont fait environ 6 000 prisonniers. Après les derniers combats dans Cherbourg, 10 000 prisonniers (dont 2 600 malades et blessés) avaient été rassemblés. Au total, dans la Bataille du Cotentin, les Américains ont fait **39 000 prisonniers**. Mais on ignore le nombre exact des tués et des blessés. Les tués durent être nombreux. Keil signale que sur les quarante-neuf officiers dont il disposait le 6 juin, huit ont été tués et quinze blessés. Les pertes durent être équivalentes pour la troupe. Le *III./919* comptait 780 hommes (mais il ne tient pas compte de ceux qui ont été capturés). Les pourcentages de pertes en vie humaines sont évidemment bien plus lourdes pour l'infanterie que pour la marine. Le total des pertes allemandes doit approcher les 50 000 hommes (si l'on tient compte des blessés évacués et des éléments de trois divisions qui ont échappé à l'encerclement). Cette « Poche du Cotentin » ne trouve son équivalent que dans la « Poche de Falaise », avec des pertes quantitativement encore plus lourdes pour l'armée allemande. C'est bien là la première grande victoire américaine en Normandie.

Mais le coût de cette victoire a été relativement élevé. Le *VII Corps* a perdu 22 119 hommes, dont 2 811 tués et 13 564 blessés. La *4th Infantry Division* a subi les plus lourdes pertes, avec 5 452 hommes dont 844 tués, pertes plus lourdes que celles subies par les divisions aéroportées (4 670 hommes pour la *101st Airborne Division*) et 4 430 hommes pour la *82d Airborne Division*). Cette division est en ligne depuis le 6 juin et a combattu successivement dans les durs secteurs de Montebourg et du Val de Saire. les trois autres divisions d'infanterie auront chacune moins de 2 500 pertes. On se rappelle que les pertes du *8th Infantry Regiment* (colonel Van Fleet) de la *4th ID* ont été telles que ce régiment a été retiré du front à la fin de l'assaut sur Cherbourg.

Epilogue

Pour les Allemands, cette bataille était essentielle. Elle bloquait naturellement ce port important mais elle fixait aussi trois bonnes divisions d'infanterie américaines qui manquaient ailleurs. L'offensive vers le sud, au-delà des marais, vers la Haye-du-Puits et Coutances, ne se mettra en place que dans les premiers jours de juillet. La prise de Cherbourg avait été tout d'abord prévue à J + 8 puis reportée à J + 15, suite à des renseignements plus précis. Finalement, elle eut lieu à J + 21 avec la fin des combats à J + 25. Ces retards arrangeaient les Allemands qui avaient prévu, pour le 20 juin, en pleine tempête de solstice, une offensive de six divisions de panzers sur un axe Balleroy-Bayeux afin de séparer les deux secteurs en deux têtes de pont distinctes et de nettoyer ensuite le secteur à l'est de l'Orne. Cherbourg aurait alors constitué un excellent abcès de fixation. Par ailleurs, la durée de la bataille a permis la destruction méthodique du port de Cherbourg, destruction considérée comme un « *fait sans précédent dans les annales des défenses côtières* » par Hitler qui attribua même la croix de Chevalier de la Croix de Fer à l'amiral Hennecke pour le remercier de la réussite de sa mission.

Mais, malgré l'ampleur des destructions, à leur tour, les Américains accompliront un autre exploit. Prenant exemple sur ce qui avait été réalisé à Naples, les Américains estimèrent pouvoir ouvrir le port au bout de trois jours. Devant les dégâts - quais détruits, bassins minés, navires coulés, gare maritime anéantie - le délai fut porté à trois semaines. Le déminage va durer jusqu'au 14 juillet. Toutes les épaves ne seront dégagées que fin septembre. Mais, dès le 27 juin, alors que Witt tient encore deux forts de la Grande Rade, le *1056th Engineer Port Construction and Repair Group* arrive à Cherbourg pour se mettre immédiatement au travail. Les travaux consistent tout d'abord à éventrer le mur antichar en face de la place de la République (près de l'Hôtel de Ville) et à dégager l'accès de la Nouvelle Plage. C'est là que le 16 juillet les premiers DUKW's déchargent un cargo ancré dans le port. Les travaux vont avancer rapidement. C'est le 9 août que le premier *Liberty Ship* peut accoster à la digue du Homet. Le montage de l'oléoduc *Pluto* est terminé à Querqueville le 12 août. Ce pipe-line, posé depuis la cote sud de l'Ile de Wight, est du type *Hais*, il a un débit de 250 tonnes par jour. Ce même jour, trente-deux trains de marchandises quittent Cherbourg pour le Mans.

A la fin du mois d'août, le port de Cherbourg reçoit 10 000 tonnes de ravitaillement par jour. En novembre, la capacité journalière est montée à 14 500 tonnes avec un total de 433 201 tonnes déchargées pour ce seul mois, ce qui est énorme comparé à l'activité du total de l'année 1937 qui s'élevait à 325 100 tonnes ou aux prévisions d'avant le 6 juin qui prévoyaient 8 500 tonnes par jour.

Ainsi, Cherbourg fut une double victoire : - la première victoire miliaire américaine en Normandie ; - un grand succès sur le plan du ravitaillement des armées alliées. Lorsque l'on considère qu'une division américaine consomme alors 1 600 tonnes de ravitaillement par jour, cette phrase du général Eisenhower prend toute son importance : « *Sans le travail magnifique effectué par le personnel des services de l'arrière, en résolvant le difficile problème d'acheminement et d'approvisionnement, la victoire qui libéra la France n'aurait pas été possible* ». Cherbourg a été la clef de la victoire finale des Alliés en Normandie.

Le rétablissement de la souveraineté française dans des conditions difficiles

Cependant, comme de récents travaux le démontrent toujours plus (1), cette victoire américaine ne se déroula pas dans des conditions idylliques pour la population locale. La pudeur normande et le respect envers le sacrifice des soldats américains ont fait qu'un voile de silence est longtemps retombé sur cette « page grise ».

Rappelons tout d'abord les conditions de la remise en place des structures officielles et administratives à Cherbourg le 27 juin 1944. Ces événements viennent d'être magistralement décrits (2) par Yves Loir, cherbourgeois travaillant depuis plus de vingt ans sur le dossier de l'administration américaine en Europe en 1944, AMGOT et *Civil Affairs Detachment*. En ce qui concerne la Normandie et la Manche en particulier, il a pu avoir accès à de nombreux documents inédits, à des sources venant des protagonistes français. Tout ceci démontre la volonté du Président Roosevelt de s'opposer au général de Gaulle afin d'établir en France un régime d'occupation sous le contrôle des officiers américains des *Civil Affairs*, utilisant les anciennes structures vichystes. De son côté, le général de Gaulle a œuvré au rétablissement très rapide de la souveraineté française, mettant en place, à Bayeux, le commissaire de la République François Coulet, nommant aussitôt deux nouveaux sous-préfets, Raymond Triboulet à Bayeux et Lemoigne prévu pour Cherbourg. Les Américains veulent arrêter François Coulet à Bayeux, mais ils échouent face à sa détermination et celle des Britanniques qui soutiennent le général de Gaulle !...

De leur côté, les Américains amènent leurs officiers des *Civils Affairs* dans le sillage des troupes. Dès le 13 juin à 21h30, le colonel Franck Howley avait débarqué à Utah Beach. Il est alors sous l'autorité directe des responsables des *Civil Affairs* pour la *1st US Army*, le colonel Gunn. Le 21 juin, ce dernier convoque Howley et ses trois adjoints au QG de Neuilly-la-Forêt. Le colonel Howley a pour mission de suivre la *9th Infantry Division* dans sa progression vers Cherbourg. Deux jours plus tard, nouvelles instructions, l'officier Simpson, représentant le *prevost marshall general* de Washington, lui signale qu'ils entreront ensemble à Cherbourg. Le 26 juin, les 9e et 79e divisions américaines sont dans Cherbourg. Le **27**, Howley et son détachement quittent leur bivouac du secteur de Couville, traversent Octeville et entrent dans Cherbourg accompagnés de Simpson et de plusieurs officiers des *Civils Affairs* (des S.C.A.O.), le colonel Hardin (S.C.A.O. du 7e corps), le colonel Billings (S.C.A.O. de la *9th ID*), et du capitaine Rogers (C.A.O. du *39th IR*). Howley arrive alors à l'Hôtel de Ville où il rencontre le maire, le docteur Renault, et rejoint aussitôt les locaux de la *Hafen-Kommandantur* (installés dans l'ancienne Chambre de Commerce), rue François Lavieille, à seulement une cinquantaine de mètres de l'Hôtel de Ville... D'une « occupation » à l'autre, d'une *Kommandantur* à l'autre, les officiers américains des Affaires civiles, formés dès le début de 1942 à Charlotteseville aux USA appelaient ironiquement leur centre de formation « l'école des Gauleiters »... Ils étaient prévus, dès avant Pearl Harbor, pour constituer les cadres d'une Europe libérée mais détruite. Le détachement logera à l'Hôtel du Louvre et a laissé en fonction le sous-préfet Bourdin institué par Vichy et auquel le colonel Howley demande de coopérer : « *une réunion de travail a lieu à 17 heures au siège du détachement, réunion à laquelle assiste une partie des autorités civiles de Cherbourg. Howley présente lui-même ses adjoints et définit leurs fonctions respectives en indiquant les bases du travail futur.* » (3) Ainsi, l'administration américaine a été aussitôt mise en place alors que les combats se poursuivent dans les forts de la digue.

Mais les responsables de la France Libre ne sont pas restés inactifs. Il s'agit tout d'abord des hommes du C.D.L., le Comité Départemental de la Libération de la Manche, présidé par Yves Gresselin. Après avoir fait intervenir ses équipes dans des missions de sabotage la nuit du Jour J (250 hommes étant alors sous ses ordres), il a été conduit le 17 juin au PC du 7e corps du général Collins. Renoult, son adjoint y restera, tandis que Gresselin et ses hommes, sous uniforme américain, suivront les unités américaines progressant vers Cherbourg. Ce même jour, Gresselin a rencontré à Sainte-Mère le capitaine Lambert, officier de liaison de la mission de Boislambert. « *Les deux hommes échangent de nombreuses informations concernant la relève de l'administration de Vichy à Cherbourg après la prise de la ville. Gresselin confirme que son ami le colonel Canonne, chef de la défense passive de Cherbourg, tient en main la police.* » (4) Signalons un point d'une importance capitale - le gouvernement de Vichy avait maintenu les structures de la Marine à Cherbourg. Le préfet maritime est devenu « l'autorité maritime supérieure », le capitaine de vaisseau Leportier (résidant alors 69 rue Emmanuel Liais) depuis avril 1943. L'arsenal est devenu « industries navales », la direction du port, le service de santé (dont l'hôpital maritime qui se chargera des soins aux civils blessés), un bataillon de marins-pompiers, les directions des travaux maritimes, etc. sont conservés. Tous ces importants effectifs, devenus « vichystes », passeront du côté des structures gaullistes, ce qu'ignorent encore les Américains, espérant s'appuyer sur les « vichystes » pour mettre de Gaulle et la France Libre hors jeu !... La Marine avait dans ses attributions officielles le maintien de l'ordre, ayant en son sein la compagnie de gendarmerie maritime, la brigade de gendarmerie de Cherbourg et la police urbaine.

Ainsi, dès le **27 juin**, le nouveau sous-préfet Lemoigne avait rencontré le sous-préfet de Vichy, Bourdin, rue Emmanuel Liais, lui indiquant qu'il doit se démettre. Jules Lemoigne est en compagnie de Gresselin et d'officiers de la MNLA (entre autres les capitaines Lambert et Schumann). La population leur a réservé un accueil chaleureux. François Coulet est aussitôt prévenu et fait savoir, par agent de liaison qu'il sera aux Rouges Terres, à La Glacerie, le lendemain, 28 juin, à 11 heures, en compagnie d'Yves Gresselin et de Maurice Schumann. Tout va alors très vite. François Coulet est à la sous-préfecture le **28** dans l'après-midi, recevant les officiels. La gendarmerie et la police passent aussitôt sous son contrôle. Il revient le lendemain, **29**, pour faire son entrée officielle à Cherbourg, « *une manifestation rassemble place de la République plusieurs milliers de Cherbourgeois qui font un accueil enthousiaste à Coulet, Gresselin, Lemoigne, Schumann et ovationnent le nom du général de Gaulle.* » (5) Les Américains tablaient sur une opposition entre vichystes et gaullistes afin d'avoir à « maintenir l'ordre » et de maintenir une occupation civile et militaire. Les structures

Cherbourg Story - c'est ainsi que les Américains ont nommé la remise en état du port de Cherbourg et de son utilisation intensive comme base arrière. Le premier navire amenant du ravitaillement arrive dans le port de Cherbourg le 16 juillet. Il s'agit de l'*USS Owl* tirant deux barges chargées de matériel du Génie, le déminage du port ayant été terminé le 12 juillet.

1 et **2.** Au pied de l'église Notre-Dame et de la statue de Napoléon (voir page 2), les grues débarquent le matériel.

3. Il en est de même un peu plus loin, à proximité du port de commerce.

4. Gros plan à proximité de la statue de Napoléon. Nous apercevons un prisonnier allemand au milieu des ouvriers civils.

5. Mais le pétrole arrive aussi à Cherbourg. Le premier tanker est à quai le long de la digue de Querqueville le 25 juillet, près d'un mois après la chute de Cherbourg. Le câblier *HMS Latimer* arrivera à Urville-Nacqueville le 10 août. Nous voyons ici le raccordement de pipe-lines au tanker.

6. Cette photo montre le pipe-line près de Cherbourg le 29 juillet 1944, encore ravitaillé par les tankers, sur des installations dignes du Far West.

(Photos NA et DAVA/Coll. Heimdal.)

2

5

Ci-dessus : belle photo en couleur montrant l'armée américaine évoluant dans Cherbourg où la vie quotidienne a repris, contraste entre les moyens de locomotion. (US Army/Coll. Heimdal.)

Ci-dessous : le premier navire américain, l'*USS Owl* amenant du ravitaillement entre dans le port de Cherbourg le 16 juillet. (DAVA/Coll. Heimdal.)

de la France Libre ont pris en main les affaires civiles et les structures militaires se sont ralliées, la « légitimité nationale » a été rétablie en un temps record dans la première grande ville libérée, épisode capital dans le sort de la France de l'été 1944. Les projets de mise sous tutelle par les Américains échouent ainsi entre le 27 et le 29 juin à Cherbourg.

Quant aux semaines qui suivent, elles font partie de la « page grise », avec de nombreuses déprédations opérées par la troupe et rappelées par Jacques Houyvet. Ainsi, entre autres, le vicomte de Tocqueville est soulagé lorsque les soldats quittent son château au bout de quelques jours. Il y eut aussi des viols et des meurtres, des affaires douloureuses rappelées dans le même ouvrage. Certains soldats noirs seront pendus, leurs collègues blancs échappant à la punition... Par ailleurs, le grand port sera au cœur de trafics et d'insécurité à tel point que le maire de l'époque demandera la création d'une milice urbaine pour rétablir l'ordre à « Cherbourg-Chicago ». Mais le grand port sera surtout un point d'arrivée essentiel du ravitaillement allié.

(1) Jacques Houyvet, *Chronique de l'occupation et de la Libération du Val-de-Saire*, Isoète, Cherbourg, 2012.

(2) Yves Loir, *Souveraineté française et « interférences » américaine dans la Manche en 1944,* fasc. 219, de la *Revue de la Manche*, 2013.

(3) Y. Loir, *op. cit.*, p.39.

(4) Y. Loir, *op. cit*

(5) Y. Loir, *op. cit*

© Editions Heimdal, 2013
Achevé d'imprimer sur les presses de Pollina à 85407 Luçon, le 15 novembre 2013
Pour le compte des Edtions Heimdal, Georges Bernage, éditeur